Emmett Dalton

Le gang des Dalton

Notre véritable histoire

Traduit de l'anglais (États-Unis)
par Emmanuelle et François Prado

Préface et postface
de Raphaël Espiñeira

PETITE
BIBLIO
PAYOT

Retrouvez l'ensemble des parutions
des Éditions Payot & Rivages sur

payot-rivages.fr

TITRE ORIGINAL :
Beyond the Law (1918)

PRÉFACE

par Raphaël Espiñeira

À la fin du XIXe siècle, les États-Unis pris dans le désordre des conquêtes, des massacres, des villes et des chemins de fer en construction, avaient essaimé chez ses habitants du Lointain Ouest et, par voie de conséquence, du tout aussi éloigné Est, un inventaire de destins et de personnages hors norme. Les hors-la-loi n'en étaient pas exclus, bien au contraire, et certains d'entre eux faisaient même figure de légendes, tels Jesse James ou Calamity Jane. Le pays se stabilisa après la Première Guerre mondiale et commença à revenir sur son passé récent de pionniers et d'aventuriers, et sur cette sorte de tradition orale qui avait fait la part belle à ses héros populaires. Les historiens entreprirent donc d'établir une image plus réaliste de ces années-là. Tâche qui allait se révéler d'autant plus ardue que le cinéma commençait alors à inventer ses propres récits du Far West, avec la fortune que l'on sait. Entre les deux, il y a les mémoires d'un homme qui essaie d'écrire sa vérité.

Il revient sur une époque alors déjà révolue, la fin des années 1880, pendant laquelle un gang d'une poignée d'hommes suscitait un effroi ambigu (un subtil mélange de peur et de fascination, de dégoût et d'envie) chez les citoyens de toutes les générations des États-Unis. Un nom alertait l'attention de chacun : celui des Dalton. La rumeur enfla à la même vitesse sur les grandes plaines que dans les ruelles tortueuses de Londres, qui cachaient alors un dénommé Jack l'Éventreur. Démêler le vrai du faux se révéla rapidement tenir lieu de gageure, et peu s'en fallut que chacun ne soit définitivement réduit à embrasser les suppositions les plus à sa convenance comme pour le tueur londonien. Si la fameuse attaque des banques de Coffeyville n'avait laissé aucun survivant parmi les membres du gang, la voix des principaux protagonistes de la légende déjà en marche eût été perdue à tout jamais. Par chance pour le lecteur d'aujourd'hui, un des frères Dalton réchappa, de justesse, à l'expédition fatale. Et surcroît de chance, celui-ci eut l'occasion, après avoir purgé quatorze ans de prison, d'écrire et de publier ses mémoires.

Il s'agissait d'Emmett Dalton, le plus jeune des frères engagés dans la carrière criminelle, car tous n'en faisaient pas partie, et ils n'étaient pas non plus quatre, comme nous l'apprenons dès les premières pages. La distorsion entre l'image que tout un chacun s'est forgée plus ou moins involontairement (et signalons au passage que les fameux personnages de la bande dessinée de Morris ne représentent pas les frères Dalton, mais leurs cousins, si comiquement imaginés) demeure patente tout au long de la lecture de ce livre qui confère à son auteur une aura sans doute moins mythique que celle que l'inconscient collectif lui a généreusement prêtée, au profit de qualités humaines à la fois plus précises et plus inattendues. Plus proches, plus exactes.

Emmett Dalton eut donc l'opportunité d'expliquer ce qu'il avait vécu. Et ceci, donnée particulièrement appréciable, avec ses propres mots. En présentant son livre, il se défend lui-même de vouloir faire œuvre littéraire. Cela permit un ouvrage d'autant plus authentique qu'il est confus. Cet homme qui revient sur une époque qu'il juge « sans foi ni loi » a retrouvé sa place dans la société, mais, pour autant, cette période, évidemment la plus marquante de son existence, continue à tirailler sa mémoire en tous sens, et le lecteur pourra avoir cette singulière impression d'une plume qui se jette sur tout ce qui bouge. Le calcul ici n'est pas de mise. On notera au contraire, principalement dans les dernières pages, un courage avéré. Aussi ces souvenirs à l'état brut ne perdront-ils jamais de vue leur but, une idée certaine de la justice. De par ce témoignage vivant d'un homme combattant avec un visage inconnu de tous, l'inévitable rançon de la gloire, cet ouvrage constitue un document précieux, et jusqu'à aujourd'hui rare. Puissent à présent les lecteurs y retrouver leur part de vérité.

Raphaël Espiñeira

AVANT-PROPOS

Après m'être longtemps demandé s'il était opportun de révéler la vérité sur mes frères et sur moi-même, il m'est apparu qu'il s'agissait d'une occasion unique de lever le voile sur notre véritable histoire ; les enseignements que j'ai retirés des erreurs commises pourraient, je le crois, être profitables à la jeunesse.

Je n'ai pas la prétention de faire de la littérature ; il n'en est d'ailleurs nul besoin. En revanche, tout ce que je rapporte est vrai, dans les moindres détails, et je tiens à affirmer qu'il s'agit là, pour la première fois, de l'authentique histoire du gang des Dalton.

Mon objectif est triple. D'abord, mettre en évidence les multiples pièges qui guettent les jeunes gens sur le chemin de l'existence ; ensuite, dénoncer les mensonges honteux qui ont été publiés sur nous jusqu'à aujourd'hui ; et enfin, attirer l'attention sur le sort de quelques hommes qui ont eu davantage à souffrir des péchés d'autrui que des leurs.

Pour l'Américain moyen d'aujourd'hui, qui jouit de tous les bienfaits et du luxe que l'époque et la science lui ont apportés, tout ce qui relève de l'Ouest, au temps des éleveurs et des voleurs de bétail, des pilleurs de banques et de trains semblera être le fruit de quelque imagination fertile ; or, pour un protagoniste majeur qui a tenu un rôle important sinon décisif dans le déroulement de cette histoire, une rétrospective calme et silencieuse des événements qui se sont alors produits fait ressurgir le souvenir de ce qui prend aujourd'hui la forme d'un rêve affreux.

Il n'est pas dans mon intention de rendre à la vie ce qui est mort et enterré. Ce n'est pas non plus un sentiment de vanité qui m'incite à retracer la carrière spectaculaire des neuf hommes qui ont composé ce qui demeure à jamais dans toutes les mémoires « le gang des Dalton ».

Seul survivant du gang, si je n'écris pas ici pour assurer ma défense, je ne le fais pas non plus pour justifier les actes de ceux qui nous ont quittés pour un autre monde ; il s'agit seulement, pour moi, d'établir avec exactitude et sans détour le récit des faits tels qu'ils se sont produits.

Cette période qui s'étend du début des années 1880 aux années 1890, époque sauvage, sans foi ni loi, exerce aujourd'hui encore une puissante fascination. Et je suis bien placé pour savoir que nombre de nos concitoyens les plus raisonnables consacrent une partie de leurs loisirs à la lecture des histoires de cet Ouest lointain issu des élucubrations immatures d'auteurs qui n'ont qu'une très vague connaissance du sujet. Je ne souhaite pas enflammer l'imagination de la jeunesse actuelle par un récit de bravades et de vantardises. Il est encore moins question ici de moraliser. La morale est là et s'impose d'elle-même.

1

Notre famille

Les frères James, les frères Younger et les frères Dalton, moi excepté, n'obtinrent en guise de récompense que leur châtiment. Moralement, rien ne peut justifier nos actes passés et je ne m'y essaierai guère. Sachez simplement que le contexte différait radicalement de celui de l'époque actuelle et qu'il cst difficile pour un homme d'aujourd'hui de comprendre les conditions dans lesquelles nous vivions alors.

La témérité, le mépris absolu du danger, l'éternel défi face à la mort qui caractérisent clairement les exploits des frères James, Younger et Dalton doivent être fondamentalement compris comme une nécessité liée à une époque où le non-respect de la loi était une chose pratiquement admise.

Comme c'est encore le cas aujourd'hui, deux forces s'affrontaient. Mais la loi était alors appliquée impitoyablement et sans discernement par des adversaires qui menaient une lutte sans merci.

À cette époque, l'homme agissait d'instinct. Il ne se donnait jamais ni le temps ni la peine d'expliquer les raisons de ses actes. Il en était ainsi, et non autrement. Ce qui était à faire devait l'être, voilà tout.

En ce qui me concerne, les années passées à réfléchir au fond d'une cellule m'ont amené à comprendre à quel point notre vision des choses pouvait être erronée.

Je me dois, ici, de fournir quelques explications.

Nous ne combattions pas la loi, mais la manière dont on nous l'imposait.

En ces époques barbares, ce que nous percevions de la loi n'était que l'une des facettes de la corruption légitimée par l'institution.

Les compagnies de chemins de fer qui étendaient leur mainmise sur le pays en spoliant les terres, ainsi que les banques dont l'empire tentaculaire s'étendait de façon inquiétante, commirent à elles seules plus de méfaits et de crimes que tous les gangs qui terrorisaient l'Ouest.

La violence de ces gangs n'était qu'en de très rares occasions dirigée contre des individus, mais presque systématiquement contre ces sociétés privées auxquelles l'on pouvait tout imputer, qu'il s'agisse de torts bien réels ou supposés.

Je n'entends pas ici faire œuvre de morale. Je livrerai le récit des faits tels que nous les avons vécus, sans les dénaturer ainsi qu'ont pu s'y commettre quelques journalistes peu scrupuleux de contrôler la véracité de leurs propos et qui n'ont pas hésité à produire des versions fictives de notre histoire afin de flatter un certain public.

Je me dois d'expliquer sous l'emprise de quels sentiments nous agissions alors.

Le gang des Dalton est né de l'injustice ou de ce que nous considérions comme telle.

Longtemps, et jusqu'à ce que nous nous révoltions contre la société, les Dalton furent connus comme étant d'ardents défenseurs de la loi. L'un de nous, Frank, y a même laissé sa vie.

Les trois hommes qui ont incarné le gang des Dalton risquèrent leur vie à maintes reprises pour défendre la loi. Cependant, lorsque les représentants officiels de l'ordre commencent à donner la preuve de leur corruption, et que l'appât du gain a gangrené le bras de la justice, la loi n'est plus qu'un instrument de domination ; à partir de là, et sachant que des innocents sont envoyés dans des pénitenciers, il n'est pas surprenant — encore moins pour la mentalité de l'époque — que certains aient choisi de s'en affranchir et soient devenus des hors-la-loi.

Le récit des circonstances précises qui nous ont poussés, Bob Dalton, Grattan Dalton et moi-même, Emmett, à franchir la ligne, la véritable histoire de ce que nous avons fait et comment nous l'avons fait, la dernière journée qui fut fatale à quatre des nôtres, et m'envoya pour plusieurs années entre les quatre murs d'une cellule, tout cela pourra en intéresser certains.

Du moins, ce sera ici, et pour la première fois, la véritable histoire des Dalton, exempte de tout sensationnalisme. Si d'aventure, à la lecture de ce récit, quelqu'un abandonnait la voie criminelle pour rejoindre celle de l'honnêteté, alors ma tâche n'aura pas été vaine.

La famille Dalton a sans aucun doute été affectée par les exploits et par la réputation, souvent injustifiée d'ailleurs, des frères Dalton. Mais parmi tous les Dalton, seuls Robert, qu'on appelait depuis toujours Bob, Grattan, mieux connu sous le diminutif de Grat, et moi-même, nous seuls méritons d'être blâmés.

James Louis Dalton, notre père, originaire du Kentucky, était un vétéran de la guerre du Mexique pendant laquelle il avait servi sous les ordres du général Taylor. Fermier, travailleur acharné, homme modeste et posé, il avait su gagner le respect de ses voisins, un respect que même le comportement de ses trois fils n'avait pu entacher.

Notre mère, Adeline Younger-Dalton, est née dans le Missouri. Elle est également la tante de Cole Younger, dont les exploits, comme on le sait, sont assez comparables à ceux du gang des Dalton et des frères James.

Nous étions une grande famille, quinze en tout, dix garçons et cinq filles. Sept, en me comptant, vivent encore aujourd'hui, ainsi que notre mère. Ses cheveux blancs et ses quatre-vingt-un ans n'ont pas affaibli son courage et je crois qu'elle

James Louis Dalton et Adeline Younger-Dalton.

est heureuse de savoir que, parmi ceux qui lui furent cause de douleur et d'opprobre, l'un d'entre eux s'est efforcé de regagner le droit chemin et y a réussi.

Dans notre famille, il y avait encore Ben, aujourd'hui fermier dans l'Oklahoma ; Cole habite maintenant au Mexique, Louis est mort, Littleton s'occupe d'un ranch en Californie, Lelia est morte, Frank a été tué au service des États-Unis comme deputy marshal, Grattan a été tué à Coffeyville (Kansas) lors de l'attaque de la banque, William est éleveur en Californie, Eva, toujours en vie, Robert a également été tué à Coffeyville, moi-même, et Leona toujours en vie,

Nammie est morte, et enfin les jumeaux Adeline et Simon ; seul Simon est toujours vivant.

Nous avons tous reçu une éducation exemplaire ; deux des garçons, Ben et Cole, étaient diplômés de l'université de McGee.

En 1880, nos parents ont choisi de quitter le comté de Cass (Missouri) pour s'installer dans le Territoire indien où mon père s'est alors consacré à l'élevage et à la culture.

Certains, non contents de nous calomnier, sont allés jusqu'à écrire d'infâmes mensonges racoleurs qu'ils colportaient et dans lesquels nous étions dépeints sous les plus sinistres aspects.

Parmi ces écrits, il en est un en particulier qui me met hors de moi, force mon indignation et m'exaspère à tel point que j'en oublierais presque mes bonnes résolutions.

Frank, mon frère, y est décrit comme un hors-la-loi, un tueur, un homme, en somme, foncièrement mauvais. Frank est mort, martyr de son devoir, martyr d'une époque sauvage et impitoyable qui sacrifia tant de gens, bons ou mauvais, de la même façon : un simple coup de feu, le vacillement d'une silhouette qui s'efface, un ultime sursaut et le silence à jamais.

2

Frank Dalton sacrifié

En 1884, Frank fut nommé deputy marshal des États-Unis. Ses quartiers étaient situés à Fort Smith dans l'Arkansas. Parmi tous les hommes courageux qui ont porté l'étoile de l'Oncle Sam au péril de leur vie, aucun n'a bénéficié d'une plus grande estime et d'un plus grand respect que Frank Dalton.

Les voleurs de chevaux et de bétail le craignaient, tout autant que les trafiquants de whisky qui passaient en contrebande leur marchandise sur le Territoire indien. Frank était intrépide, courageux et honnête. Je reste intimement persuadé que s'il avait été là, le blason des Dalton – s'ils en avaient eu un – demeurerait sans taches. C'était lui notre vrai chef, après lui venait Bob ; et les sombres événements qui se sont produits par la suite résultent directement de sa mort.

Le 27 novembre 1887, Frank et Jim Cole, un autre deputy marshal, partirent à la recherche de trois trafiquants de whisky qui bravaient la justice depuis des mois. Cole et Frank se mirent en route pour gagner le lieu où les trois hommes – Smith, Dixon et un jeune nommé William Towerly – avaient établi leur campement.

Il leur avait fallu, en venant de Fort Smith, traverser le fleuve Arkansas. Quand Frank et Cole arrivèrent, la femme de Smith préparait le déjeuner devant la tente. Personne d'autre n'était en vue. Frank contourna la tente, adjoignant à Cole de passer par-devant et de capturer la femme.

Il me faut reproduire ici le récit des faits tels que Cole les a rapportés : « J'avais presque atteint la femme quand elle m'a vu, raconta-t-il à Bob par la suite. J'avançais avec ma Winchester dans les mains quand cette femme s'est ruée sur moi en hurlant et s'est saisie de l'arme. À ce moment-là, Frank se trouvait derrière la tente. Au même instant, Smith en sortit, armé d'un revolver, et se retourna subitement. Frank et lui firent feu en même temps. J'ai vu Frank chanceler et s'effondrer ; Smith, lui, est mort sur le coup. Je luttais avec la femme qui se débattait comme une forcenée. Elle tenait toujours la Winchester et je ne parvenais pas à la lui arracher des mains. Puis je vis Dixon sortir de la tente. Ce dernier aperçut Frank et ouvrit le feu. De nouveau, ils firent feu en même temps. Je ne pus voir ce qui s'est passé ensuite car j'étais aux prises avec la femme. Dans la bagarre, mon arme est partie et la femme s'est effondrée, foudroyée, avec une sorte de râle. »

Les autres coups de feu que Cole avait entendus venaient de l'arme de Towerly, le garçon qui était sorti le dernier de la tente. Dixon et Smith gisaient à terre, fauchés par les balles de Frank. Dixon mourut trois jours plus tard dans une cellule de Fort Smith. Frank avait été atteint par Smith, la balle ayant creusé un sillon dans son bras gauche à partir du poignet, avant de lui traverser le corps. Dixon l'avait également touché au côté gauche. Towerly, ainsi qu'il l'admit par la suite, avait tiré à trois reprises sur Frank alors que celui-ci était à terre sans défense. Une balle tirée dans la bouche avait traversé sa tête et l'avait tué.

Il tira aussi sur Cole alors que ce dernier cherchait à se mettre à couvert. La balle traversa le manteau de Bob que Cole avait endossé, mais elle ne le toucha pas. Towerly en profita alors pour prendre la fuite. Cole retourna à Fort Smith tandis que d'autres marshals arrivaient et prenaient en charge les quatre corps.

Je me souviens très bien du jour où le colonel Carroll, marshal, demanda à Frank de venir le rejoindre dans son bureau alors que mon frère était de service. Quand Frank arriva, le colonel Carroll lui dit :

– Frank, je sais que tu ne manques pas de sang-froid et, parce que tu sauras t'en acquitter parfaitement, je t'ai choisi parmi tous les autres marshals pour déclencher l'ouverture de la trappe sous les cinq pauvres gars qui vont être pendus vendredi prochain.

Frank Dalton âgé de 28 ans.

Frank était un beau gaillard de six pieds et un pouce pour un poids de deux cent dix livres, un excellent tireur avec une parfaite maîtrise de lui-même et quelqu'un de bienveillant.

Je me souviens encore de l'expression de son visage et comme il avait paru grand et élancé à mes yeux d'enfant quand il s'était levé, avait tiré de sa poche son mandat de deputy marshal des États-Unis et l'avait jeté sur le bureau du colonel Carroll en disant :

– Très bien colonel, si vous n'avez rien d'autre pour moi, voici mon mandat. J'affronterais n'importe qui si la situation l'exigeait, mais je ne déclencherai pas cette trappe, même sous un chien.

Le colonel lui avait alors rendu son mandat et lui avait dit d'une voix rauque :

– Je comprends, mon garçon, je ne t'en blâme pas, moi non plus je ne m'en sentirais pas capable.

Selon la loi, c'était au marshal de choisir quelqu'un parmi les autres deputies pour pendre les condamnés, exécutions pour lesquelles il recevait cinq dollars pièce par supplicié. Mais après que Frank eut refusé d'accomplir la sale besogne, il n'a plus jamais été question de demander à un deputy de s'acquitter de cette tâche sinistre, en conséquence de quoi les autres deputies ont chaleureusement remercié Frank et se sont cotisés pour lui offrir un anneau en or qu'il portait au moment de sa mort.

Frank était farouchement opposé à la peine capitale, et pour ce que j'ai pu voir moi-même de ses effets, je sais qu'il avait raison. Je crois que cela est mauvais à tous points de vue. La peine de mort est la pire forme de meurtre, pire qu'un lâche assassinat parce qu'elle maintient sa victime dans une effroyable attente, une longue agonie qui dure parfois des années avant qu'elle en soit délivrée. De plus, si l'on considère qu'un quart des témoignages provenant des deux parties est un parjure, cette pratique discrédite la justice au lieu de la servir. Une vie humaine ne devrait jamais être ôtée, si ce n'est dans un cas extrême de légitime défense. Il s'agit là d'un droit fondamental que la société a le tort de s'arroger.

Aucune loi ne prévalait dans le Territoire indien à cette époque ; on pouvait porter autant d'armes qu'on le voulait. On ne pouvait dénoncer ni être dénoncé. Les deputies marshal constituaient à eux seuls la loi et le tribunal, et si l'on considère les conditions de vie qui régnaient alors, il faut reconnaître qu'ils s'en tiraient admirablement. Rien de comparable à ceux qui vinrent après : des tire-au-flanc qui passaient le plus clair de leur temps postés à l'angle d'une rue à attendre qu'un contrebandier ou un tenancier de maison close leur donne dix dollars pour regarder ailleurs. Il n'en allait nullement ainsi avec le deputy d'alors : s'il savait que la loi avait été violée, ou bien il arrêtait son homme, ou bien ce dernier le tuait.

Le Territoire indien était le point vers lequel convergeaient tous les hors-la-loi. Si vous vouliez assigner quelqu'un à comparaître en justice, ce dernier était capable de dégainer son revolver et de faire feu, fût-il prédicateur.

La mort de Frank bouleversa les équipes de marshals plus qu'aucun autre événement au cours des années précédentes. À Fort Smith, Frank était certainement le garçon le plus populaire du service, tant auprès des citoyens que de ses collègues. La récompense promise pour capturer l'assassin d'un deputy des États-Unis fut doublée de cinq cents à mille dollars. Les chroniqueurs qui ont essayé de souiller le nom et le souvenir de Frank auraient pu facilement vérifier ce fait et bien d'autres qui n'ont pas été soulignés. Après la mort de Frank arriva une lettre du marshal de Fort Smith, le colonel John Carroll, invitant Grat Dalton à prendre la place de Frank au service des États-Unis.

Grat à cette époque vivait en Californie avec mon père qui possédait un petit élevage de chevaux de course. Il décida que la vie qu'il menait sur les champs de courses était un peu trop paisible pour lui ; Dieu sait pourtant que cette existence était beaucoup plus tumultueuse que le mode de vie le plus endiablé d'aujourd'hui. Il rentra et rejoignit donc les forces du marshal à Fort Smith.

Bob avait déjà surveillé des prisonniers pour Frank et accepta l'invitation de Grat à le seconder. Par la suite, Bob fut engagé comme deputy sous le commandement du colonel Yoe. Le désir de Grat de maintenir l'honneur des Dalton au service des États-Unis fut réellement à l'origine de ce que l'on nomme « le gang des Dalton ». S'il était resté en Californie avec notre père, il est fort probable que tous les chapitres sanglants qui suivent n'eussent jamais été écrits.

Un deputy marshal de l'époque était rémunéré par un système de primes. Il était payé dix cents par mile quand il était porteur de documents, quarante cents par jour pour s'occuper d'un prisonnier, deux dollars et demi pour la lecture d'un mandat d'arrêt, deux dollars et demi pour un emprisonnement, les autres primes étant à l'avenant. Il était également d'usage de donner deux dollars par jour au garde payé par le deputy, ce qui était fort peu au regard des dangers encourus. Le passage de la Bible suivant : « Qui vit par le glaive périra par le glaive » ne fut jamais aussi justifié qu'en ces jours de la fin des années 1880, à la frontière du Territoire indien.

Towerly, le garçon qui avait tiré sur Frank le dernier, était en fuite, mais cela fut de courte durée car tous les deputies de Fort Smith étaient sur ses traces, la rage au cœur. Les deputies Moody et Stokley tombèrent sur Towerly à Atoka quelques jours après — c'était en 1887 — et dans la bagarre qui s'ensuivit Towerly tua Stokley et fut lui-même mortellement blessé par Moody ; avant de mourir, il fit des aveux sur sa participation dans l'affaire des banques de l'Arkansas et admit également qu'il avait tiré sur Frank quand celui-ci était à terre, blessé et sans défense. La récompense de mille dollars pour la capture de Towerly ne fut pas d'un grand secours à Moody car il fut abattu peu de temps après par Billy Bruner, un Indien. Sa mort fut accidentelle, mais elle illustre parfaitement le climat de l'époque et les dangers qui nous guettaient tous, que l'on fût ou non au service de la loi.

Moody, Grat Dalton et quelques autres deputies étaient à la recherche d'un Indien nommé Gibson Partridge. On leur avait signalé que leur homme se cachait dans une maison abandonnée, près d'un bois. De fait, Partridge ne s'y trouvait pas, mais Bruner, lui, y était ; il était de Norther Creek et à ce moment-là les tribus du Nord et du Sud se déchiraient dans une guerre fratricide.

Bruner affirma par la suite, et on le crut, que lorsque Moody et les autres arrivèrent il pensa que c'étaient des Indiens Creek du Sud qui tentaient une attaque. Sans attendre la moindre explication (parce que alors on tirait d'abord et on posait les questions ensuite, c'était la manière la plus sûre), il fit feu, tuant Moody et blessant Grat d'une balle dans le bras.

Il est profondément injuste que l'infamie attachée au « gang des Dalton » ait pu rejaillir sur tous les membres de notre nombreuse famille. Cela est d'autant plus regrettable que parmi ceux qui les connurent le mieux, les côtoyèrent d'un bout à l'autre du Territoire des années durant, au gré des hivers rigoureux et des chaleurs écrasantes du soleil de l'Ouest, tous s'accordent à reconnaître que peu de familles sont aussi dignes de respect que celle des Dalton, exception faite des membres qui composèrent ce que, dans le langage du moment, on appela le « gang ».

Alors même que résonnaient encore les coups de feu du raid de Coffeyville, surgissait déjà, çà et là, et bien souvent sans aucun fondement, la légende noire de nos prétendus actes désespérés. À partir de là apparut un certain nombre de héros autoproclamés qui se taillèrent de flatteuses réputations et captivèrent de crédules auditoires en brodant sur leur conduite héroïque face aux Dalton.

3

Bob Dalton, deputy marshal des États-Unis

Le 26 août 1889 survint un incident qui donna lieu à plusieurs versions. Ce fut le meurtre de Charley Montgomery à Timberhills, près de Coffeyville, au Kansas, où vivait notre famille, et qui, par la suite, fut le théâtre du dernier raid des « Dalton ».

Montgomery était un bon à rien, qui venait d'on ne sait où et vivait on ne sait comment. Il s'était rendu coupable de contrebande de whisky dans le Territoire indien et de vol de chevaux, mais pendant une longue période aucune charge n'avait été retenue contre lui. Finalement, le marshal Jacob Yoe envoya Bob, tout juste promu deputy marshal, arrêter Montgomery pour un vol dans le magasin de Jacob Bartles. Bob prit Al Landers pour le seconder. Toute la journée ils le traquèrent, mais ne le retrouvèrent qu'à la tombée du jour devant la cabane de Lon Brown.

Bob Dalton.

Bob et Landers s'approchèrent en rampant. Sans dire un mot, Montgomery se retourna subitement et fit feu sur Landers, il se mit ensuite à courir et contourna la maison. Bob arrivait de ce côté-là quand Montgomery se jeta sur lui. Montgomery avait son revolver à la main. Il y eut deux coups de feu. Montgomery tomba raide mort. La chance voulut que Bob s'en tirât indemne.

Les choses furent calmes pendant quelque temps. Pour le deputy Bob Dalton, l'argent ne coulait pas à flots. Ses dépenses excédaient largement son salaire. Je dois ajouter ici que le deputy était tenu de pourvoir aux obsèques d'un criminel tombé sous ses balles si le mort n'avait pas de famille. Ce fut le cas de Montgomery. Bob dut payer de sa poche quatre-vingts dollars pour faire enterrer Montgomery.

En avril 1890, le marshal télégraphia à Bob, qui se trouvait alors à Tulsa, que le deputy marshal Cox avait été grièvement blessé par Alex Cochran à Claremore ; mon frère devait s'y rendre pour arrêter Cochran qui s'était enfui. Cochran, qui avait un huitième de sang cherokee, avait toujours eu bonne réputation. À jeun, c'était un brave gars, mais il devenait très dangereux dès qu'il buvait. Le marshal avait télégraphié les mêmes instructions à notre frère Grat à Vinita. Bob et moi prîmes le train à Tulsa et Grat nous rejoignit à Claremore. En arrivant à Claremore, nous nous dirigeâmes vers l'hôtel et nous laissâmes nos Winchesters dans le bureau. En sortant, Bob rencontra le commerçant Davis Hill qui lui dit d'un air moqueur :

– Hé Bob, tu cherches Alex, je suppose ?

Ce à quoi Bob répondit :

– Oui, et il vaudrait mieux pour lui qu'il se rende.

– Tant que Cox ne sera pas remis, il ne court pas un grand danger, répondit Hill.

Ayant entendu la conversation, quelques concitoyens de Davis Hill, formant groupe autour de lui et de Bob, commencèrent à laisser entendre ce que Cochran serait capable de faire à celui qui essaierait de l'arrêter. S'enhardissant, Hill continua :

– Eh bien, Bob, si tu veux tant de mal à Alex, pourquoi n'irais-tu pas à sa rencontre. Il était dans mon magasin voilà à peine quelques minutes et a acheté une boîte de cartouches. Regarde, c'est lui à cheval, là-bas.

– Tu es sûr que c'est lui ?

– Oui, répondit Hill, je les reconnais lui et son cheval rouan.

Bob rentra précipitamment à l'hôtel, prit sa Winchester et nous dit à Grat et à moi :

– Les gars, prenez des chevaux et allons-y !

En sortant, Bob s'empara du premier cheval sellé qu'il trouva et se lança aux trousses du prétendu Alex Cochran.

Arrivé à une centaine de yards du fuyard, Bob sauta de son cheval et somma l'homme de s'arrêter. Mais plutôt que d'obtempérer, ce dernier éperonna son cheval de plus belle et tenta de prendre la fuite. Bob fit feu. Le cheval s'affaissa sur le côté droit, galopant tant qu'il pouvait ; alors Bob tira à nouveau, par deux fois, et le cheval tomba.

Grat et moi arrivâmes à ce moment-là à l'endroit où le cheval et le cavalier gisaient à terre. Le cavalier était le jeune Cochran, fils du vieil Alex, qui avait été envoyé par son père en ville aux nouvelles et pour faire l'achat de cartouches.

Lors de son examen, le médecin constata que le jeune Cochran avait été blessé à la cuisse et que la balle avait traversé la selle et le cheval. Il avait été atteint par le dernier coup de feu, tiré à une distance de trois cents yards, alors que le cheval galopait.

Le jeune Cochran avait été la victime innocente de la haine de quelques citadins qui, à cette époque, haïssaient généralement le marshal. Peu de temps après, Bob se rendit dans le district sud du Kansas pour travailler sous les ordres du marshal Jones. Il organisa, par la suite, la force de police indienne de la nation osage et me prit avec lui à ses côtés.

Dix-huit hommes patrouillaient à travers le territoire, Bob à leur tête. Ce fut au cours de cette mission que Bob eut à souffrir de l'injustice des représentants du gouvernement. R. L. Walker avait succédé au marshal Jones, et Walker trouvait toujours l'excuse suivante : le gouvernement n'avait pas transféré de fonds, l'argent arriverait bientôt, etc. Mais « bientôt » ne se concrétisait jamais. Finalement, Bob, insatisfait, abandonna son poste.

L'argent était tout aussi nécessaire à l'époque qu'aujourd'hui, mais alors le pays était dirigé par des hommes qui s'étaient eux-mêmes placés au pouvoir et ce pouvoir avait une sinistre signification. La corruption actuelle est insignifiante au regard de ce qu'elle était alors. L'argent public était détourné par des représentants de l'autorité, lesquels, à leur tour, se voyaient dépossédés par d'autres. Doit-on s'étonner que des hommes ayant longtemps travaillé honnêtement pour maintenir la loi, et ayant ensuite été escroqués par des pratiques illégales, baissent finalement les bras en se disant : « À quoi bon... » ?

Ce fut un traitement de cette sorte, et le cas de Bob n'en est qu'un exemple parmi tant d'autres, qui fut à l'origine d'une multiplication d'actes illégaux. Cette illégalité née de l'insatisfaction prit différentes formes jusqu'à envahir tout l'Ouest. La vie dans l'Ouest constituait le paroxysme de la loi du plus fort. En constatant que les plus forts semblaient être ceux-là mêmes qui enfreignaient la loi, beaucoup ressentirent horreur et dégoût. Les défenseurs de l'ordre et du gouvernement se trouvaient généralement mêlés à quelque intérêt d'ordre commun.

Les hommes de l'époque n'étaient pas les hommes calmes, consensuels, logiques et réfléchis d'aujourd'hui. Le pays, les modes de vie et les gens différaient radicalement. C'était une époque où les passions se manifestaient toujours dans leur plus pure expression. L'hypocrisie n'entrait pas en ligne de compte. Le délinquant, le voleur ou l'escroc était tout de suite reconnu pour ce qu'il était. Personne ne maquillait sa conduite. Chacun lisait profondément dans l'âme de son voisin, le reconnaissait pour ce qu'il était, et réciproquement.

Quand un homme était frustré ou déçu, il n'essayait pas de réprimer ses émotions, il leur laissait libre cours. C'était la manière de l'époque et c'était l'unique manière que les hommes connaissaient.

Profondément blessé par le traitement que lui avait fait subir le marshal Walker, Bob fit intervenir George Hartely, un riche commerçant indien de Pawhuska. M. Hartely était l'un de nos amis. Mais, après maintes tentatives, il n'obtint rien de Walker.

Doit-on s'étonner que les pensées d'un jeune homme qui avait honnêtement débuté dans la vie se soient progressivement muées en idées de vengeancc et de représailles ?

4

Notre premier crime

Après qu'il eut été bien clair que M. Hartely ne récupérerait rien, Bob, étant désœuvré, décida de partir pour le Nouveau-Mexique, afin d'y entreprendre de nouvelles affaires. Avec nous vinrent William McElhanie, connu comme « Narrow Gauge Kid », Georges Newcomb et Charlie Bryant.

Nous avions fait toute la traversée à cheval depuis l'Oklahoma et nous étions près de Silver City, au Nouveau-Mexique. Fatigués, nous pensâmes que quelques jours de repos ne nous feraient pas de mal. Nous entrâmes en ville, et allâmes tous à l'unique hôtel. Nous nous assîmes ensemble à la même table pour le repas ; ce n'était pas le genre de repas que le meilleur hôtel servirait aujourd'hui, mais après des journées de campement sous les intempéries à faire notre maigre cuisine, il nous sembla plus que satisfaisant.

À notre table s'assit un gars de la région, un gaillard, qui nous apprit avoir été le marshal Ben Canty, responsable du maintien de la paix à cet endroit. Dès que nous entendîmes le nom de Ben Canty, nous lui posâmes une foule de questions et apprîmes ainsi qu'il était un ami de longue date et un voisin de notre famille dans le nord du Missouri. Canty offrit à Bob une très belle montre en or avec sa chaîne, celle-ci fut perdue lors de l'attaque de Coffeyville, au Kansas.

Là, hasard ou destin, apparut l'un des membres les plus importants de ce qui serait connu plus tard comme le gang des Dalton – quelqu'un qui joua parfaitement son rôle, mais qui, comme nous tous, devait perdre à la fin.

Lors des sorties dans Silver City avec l'ex-marshal Canty, Bob fut présenté par celui-ci à Miss Eugenia Moore. Elle venait également du nord du Missouri et était arrivée au Nouveau-Mexique en quête de santé et d'un poste de maîtresse d'école. Miss Moore appartenait à une vieille famille distinguée, dont tous les membres étaient décédés. C'était une très jolie jeune femme d'environ vingt-deux ans, à l'âme pure, bonne télégraphiste, extraordinairement intelligente et courageuse ainsi que je l'expliquerai plus tard.

Après s'être arrangé pour retrouver Miss Moore à Guthrie dans l'Oklahoma, Bob annonça que nous retournions vers l'Oklahoma. Nous sor-

Bob Dalton et Eugenia Moore.

tîmes de Silver City en direction du nord-ouest, puis nous allâmes à Santa Rosa, au Nouveau-Mexique, quelques jours après. En arrivant à Santa Rosa, nous laissâmes les chevaux à l'écurie et nous rendîmes dans un restaurant chinois pour le dîner. Pendant le repas, notre ami, le propriétaire du restaurant annonça : « Il y a un gland jeu au saloon, beaucoup cow-boys ce soil dans la ville. » Après le dîner, notre ami chinois nous amena gentiment jusqu'au saloon ; un saloon à cette époque était davantage un lieu de paris et une salle de danse qu'un lieu de rafraîchissements. Nous nous assîmes à une table pour jouer au jeu mexicain du *monte* auquel notre ami chinois se disait expert.

J'étais fatigué et laissai ma place à Bob, qui montait la garde. J'ajouterai ici que l'un de nous montait toujours la garde, de jour comme de nuit, quand les autres étaient occupés. C'était une sorte d'habitude militaire, acquise quand mes frères étaient marshals des États-Unis et que nous avons strictement conservée jusqu'à la veille du raid de Coffeyville. En tant qu'observateur, je ne mis pas longtemps à découvrir que le jeu de *monte* était truqué. J'attendis jusqu'à ce qu'il me fût possible de vérifier mes soupçons. Me rapprochant de Bob, je lui glissai :

– Le jeu est truqué.

La réponse fut :

– Très bien, si tu es sûr de ce que tu dis, on va donner une bonne leçon à ces salauds.

À ce moment-là, vers dix heures du soir, il y avait près de quarante à cinquante hommes ; ils semblaient de toutes nationalités. Tous, à l'exception des Noirs, pariaient, buvaient et dansaient ; en outre, tous étaient armés.

Bob me dit de me poster à la porte d'entrée, fit des signes à chacun des autres et les mit au courant de ce qui se passait. Puis, au signal de Bob, avec la rapidité de l'éclair et une précision d'horloger, nous dégainâmes nos revolvers et ordonnâmes : « Mains en l'air ! » Sans dire un mot, tout le monde obéit, sauf le Chinois, qui en deux ou trois enjambées parcourut presque vingt pieds jusqu'à la porte où j'étais posté. Je lançai mes jambes afin de bloquer son passage à travers la porte. Mais, avec l'agilité et la grâce d'un acrobate, mon ami chinois baissa la tête et passa entre mes jambes comme un gros cochon, ce qui me gêna quelque peu. Après avoir récupéré mon équilibre je tirai plusieurs fois en l'air pour voir ce qu'il ferait ; j'avais souvent entendu dire que les Chinois n'étaient pas bons à la course, mais celui-là démontrait tout à fait le contraire. En revenant au saloon, j'entendis Bob qui disait :

– Vous ne savez pas recevoir convenablement les étrangers ici, nous allons donc vous apprendre comment les traiter.

En un clin d'œil, il s'empara de tout l'argent des truqueurs sans violenter personne. Nous reprîmes nos chevaux, que nous avions attachés devant le saloon, et tirâmes quelques coups de feu en l'air pour disperser les curieux. CE FUT NOTRE PREMIER CRIME, mais il ne fut pas prémédité et fut seulement commis pour punir un parieur qui trichait, ce qui ne se serait probablement pas produit si des officiers corrompus avaient payé son dû à Bob. Mais cela, bien entendu, ne justifie aucunement notre acte.

Le jour suivant, une patrouille se mit à notre recherche. Tard le soir, alors que nous approchions d'un bois, nous regardâmes derrière nous à travers le vaste plateau et vîmes un groupe de six ou sept cavaliers. Nous devinâmes immédiatement qu'il s'agissait de représentants de la loi. Nous voulûmes faire demi-tour et les affronter sur la plaine, mais Bob dit :

– Non, nous allons faire un petit détour par là, traverser le fleuve et les chutes d'eau et attendre qu'ils s'approchent de la rive pour les prendre à revers.

Comme s'il les eut lui-même dirigés, ils suivirent l'itinéraire de sa pensée pas à pas. Nous montâmes et traversâmes la petite rivière à l'endroit qui s'appelle, comme nous l'apprîmes plus tard, les chutes de Sitting Bull ; là, nous sortîmes nos revolvers et, toujours à cheval, attendîmes que les Mexicains soient parvenus à la rive. Environ vingt minutes plus tard, nous les entendîmes traverser le bois, en bavardant en mexicain et en faisant autant de bruit qu'un troupeau de bouvillons sauvages du Texas en débandade ; il s'agissait surtout de nous effrayer.

La largeur de la rivière était de cent cinquante yards. Dès qu'ils parvinrent à la rive, Bob commença à tirer sur eux et nous fîmes de même. On vit le cheval mexicain de tête se cabrer et rebrousser chemin, puis tous battirent en retraite vers la rive après avoir tiré quelques coups de feu. Une balle blessa McElhanie au bras et Bob cria : « Chargez ! »

Nous éperonnâmes nos chevaux et tous, sauf McElhanie, traversâmes le fleuve aux trousses des Mexicains. En remontant la rive opposée, nous regardâmes dans l'espace dégagé et, là-bas, à environ trois cents yards, nous vîmes les courageux officiers qui tentaient de se cacher à l'abri des broussailles. Bob sauta de son cheval, saisit sa Winchester et fit feu. Nous vîmes tomber le cheval de celui qui fermait leur marche, nous vîmes également son cavalier qui courait. À notre retour, nous donnâmes au bras blessé de McElhanie les premiers soins, ce qui consistait à laver la plaie de son bras dans la rivière et à lui faire un bandage autour de la blessure avec une chique de tabac. Nous reprîmes nos chevaux et rentrâmes tranquillement dans l'Oklahoma.

5

De retour dans l'Oklahoma

Après un parcours de quelques jours à travers ce qui serait connu plus tard comme la Cherokee Strip, nous arrivâmes près de la partie nord-ouest de l'Oklahoma, où nous campâmes chez la veuve d'un ancien soldat nommé Sands. Mme Sands habitait avec ses deux petits-fils de douze et quatorze ans. Elle était très pauvre et avait la naïveté de croire, qu'étant veuve de soldat, le gouvernement lui donnerait la préférence et lui octroierait une concession dès que Cherokee Strip serait ouvert aux colons. Cet endroit était une étape de choix pour tous les éleveurs et les voyageurs nocturnes. On savait que Mme Sands ne posait pas de questions. À cette époque, il était quasiment insultant de demander à quelqu'un son nom, d'où il venait et où il allait.

Tandis que nous parlions avec Mme Sands tout en défaisant notre bagage, arriva un fermier de l'Oklahoma, grand et gros, un paysan qui était prêteur sur gages et qui, sans ménagement, l'informa qu'il avait obtenu les documents officiels nécessaires et l'intima de régler son hypothèque au plus vite. En cas de refus il saisirait les deux petites mules mexicaines (les seules qu'elle possédât) sur lesquelles il avait une hypothèque de vingt dollars et huit dollars d'intérêt.

Bob l'écouta quelques instants et dit :

– Voyons ton hypothèque, l'ami.

Il s'en saisit, l'examina quelques secondes et la lui rendit en disant :

– Tu écris au verso : « paiement réglé » et tu signes, c'est moi qui paie.

L'usurier prit l'hypothèque, y nota ce que Bob lui avait dit et lui rendit le document. Bob lui donna alors vingt dollars en ajoutant :

– Voilà ton capital, tu n'as aucunement besoin d'intérêts.

L'usurier protesta qu'il avait effectué les démarches dans les bureaux du comté, qu'il avait été mandaté dans le Nord et qu'il était clairement dans son droit. Bob mit fin à la discussion :

– Ah, je vois ! Tu es un de ceux qui deviennent patriotes tous les 4 juillet, qui critiquent les banquiers pour leur traitement inhumain envers les pauvres et qui, dans le même temps, se retrouvent ici, dans ce trou perdu, tentant de déposséder une veuve âgée en lui confisquant ses deux mules. Maintenant, l'ami, mets ces vingt dollars dans ta poche et montre-nous à quelle vitesse tu peux rejoindre l'Oklahoma ; et surtout ne t'avise pas de remettre les pieds ici, sans quoi je reprends mes vingt dollars avec, très probablement, le double d'intérêts comme tu as tenté de le faire avec cette vieille femme.

Je crois qu'une partie de ces vingt dollars pris par l'usurier provenait de l'argent du jeu mexicain de *monte*. Je n'en sais rien, mais il me semble qu'à l'heure du grand bilan le Comptable ne cherchera pas à éplucher la provenance exacte de nos biens terrestres avec trop d'attention.

Ce que l'on connaissait du Cherokee Strip en ce temps-là était constitué d'une bande de territoires de cinquante-deux miles de largeur entre le Kansas et l'Oklahoma qui s'étendait du fleuve Arkansas vers l'ouest jusqu'à ladite « terre de personne » à l'ouest du Nouveau-Mexique.

Ce territoire avait été utilisé pour faire paître de grands troupeaux de bétail qui avaient ensuite été évacués pour permettre l'établissement des colons. C'était un endroit idéal à explorer. L'eau et l'herbe s'y trouvaient en abondance et personne à l'horizon, à l'exception de quelques nouveaux arrivants qui se cachaient là en attendant l'ouverture du territoire.

Comme nous étions près de chez notre mère, à Kingfisher dans l'Oklahoma, nous décidâmes de lui rendre une courte visite.

Sur le chemin, nous évoquâmes nos récents déboires en tant que marshals, et, comme c'est bien souvent le cas, plus vous parlez de vos soucis, plus ils prennent une dimension imposante et inquiétante. Bob décida qu'il irait rendre visite à notre frère Bill en Californie tandis que Bryant et moi prendrions les chevaux pour nous rendre au ranch de Jim Riley, à environ soixante miles au sud-ouest de Kingfisher et y resterions jusqu'à ce qu'il nous fît signe.

McElhanie décida alors qu'il accompagnerait Bob ; de nombreuses charges étant retenues contre lui dans l'est du Territoire. Newcomb était parti pour sa concession, à douze miles à l'est de Guthrie.

Bryant et moi prîmes les chevaux, les selles et les Winchesters de Bob et de McElhanie, allâmes au ranch de Riley, puis établîmes notre campement à quatre miles au sud du ranch. Nous parcourûmes la ligne sud pendant tout l'hiver au bénéfice de Riley, en nous occupant de son bétail.

Dès lors, cet endroit devint notre quartier général.

Bob avait écrit à Miss Moore, qui était à Guthrie, de rester là-bas jusqu'à ce qu'elle eût des nouvelles, puis McElhanie et lui prirent le train à Kingfisher et partirent pour la Californie.

Pendant ce temps, notre frère Grat s'était vu extrêmement déçu de son travail de marshal à Fort Smith en Arkansas et avait démissionné. Son salaire lui était systématiquement volé. Il s'agissait bien sûr de corruption, mais, aussi étonnant que cela puisse paraître à la lumière des événements qui suivirent, Grat ne fit pas appel à nous, quitta son poste et partit s'installer en Californie afin d'aider notre frère Lit, qui, à l'époque, avait un ranch à Fresno.

McElhanie avait pris le nom d'Emmett Dalton, pour une raison que je n'ai jamais tout à fait comprise sinon qu'il était recherché, ce qui n'était pas mon cas. Je vais à présent raconter, le plus fidèlement possible, comme je le tiens de Bob, ce qui leur arriva, à lui et à McElhanie, en Californie.

6

Forcés à l'illégalité[1]

La plupart du temps, McElhanie et moi demeurions au ranch de Bill où nous nous occupions du bétail et travaillions à d'autres activités mineures. Nous avions besoin d'argent et pendant tout ce temps je ne ménageais pas ma peine dans l'espoir de récupérer les mille quatre cents dollars que le marshal Walker me devait, mais sans aucun succès.

Ma réputation de marshal me précédait et avait été, comme d'habitude, déformée. Tout ce que Frank, Grat et moi avions fait au service de la loi était, le plus souvent, dénaturé dans les récits. D'une certaine façon, les Californiens étaient persuadés que nous n'étions pas dignes de confiance.

Alors, au mois de février 1891, survint l'événement qui allait radicalement bouleverser nos

---

1. Récit rapporté par Bob Dalton à Emmett sur les événements en Californie. *(N.d.É.)*

vies. Grat était arrivé à Fresno. McElhanie et moi étions dans le ranch de Bill occupés à nos tâches habituelles. Un éleveur qui passait par là nous apporta les nouvelles :

– Vous avez entendu parler du hold-up ! nous cria-t-il abruptement comme cela se faisait couramment dans l'Ouest, car c'était ainsi que se répandaient alors les nouvelles. Le train d'Alila. Ils ont fait sauter le coffre-fort du train et tué les machinistes. La Wells Fargo et la Southern Pacific offrent une récompense pour la capture des pillards. Cinq mille dollars ! Allez, salut !

Et il partit colporter la nouvelle.

– On dirait que quelqu'un a tiré le gros lot, me fit remarquer McElhanie alors que nous allions nous occuper du bétail. Quelquefois je me dis que ça vaut vraiment le coup de prendre de tels risques pour avoir de l'argent plutôt que de prendre des risques comme tu l'as fait quand tu travaillais comme marshal sans jamais en voir la couleur.

– Je me demande qui a fait le coup, dis-je, alors que nous nous mettions en route.

– Je n'en sais rien et je m'en fiche, mais je regrette que ce soit pas nous ! répondit McElhanie.

Le choc qui nous attendait ne tarda pas à arriver. La nouvelle s'était répandue, à travers le bouche-à-oreille, qui est le moyen d'information le plus répandu dans l'Ouest, que nous étions responsables de l'attaque. « C'est un coup des Dalton », voilà ce qui se disait.

C'est un voisin qui, le premier, nous informa que Smith, un détective de la Wells Fargo, et Ed O'Neill, shérif du comté, se dirigeaient vers le ranch de Bill, lancés à nos trousses. Nous savions que nous n'avions rien fait mais nous savions également qu'être soupçonnés équivalait, à ce moment-là, être à moitié coupables.

La Southern Pacific contrôlait l'État. Elle tenait sous son joug les shérifs, les juges et autres officiers. Elle jonglait avec la vie des hommes comme elle jonglait avec les terres appartenant à la nation.

– Ils ne nous auront pas, dis-je, allons-nous-en.

Mais c'était trop tard. O'Neill et Smith arrivèrent et aperçurent le petit garçon, âgé de quatre ans, de Bill ; au moment de partir j'avais pris mon neveu dans les bras et lui avais dit :

– Adieu, Charlie ! Oncle Bob s'en va à Seattle.

De fait, lorsque Smith arriva et vit l'enfant il s'empressa de lui demander :

– Où est ton oncle Bob, mon garçon ?

Alors l'enfant se souvint :

– Mon oncle Bob est allé à Seattle, répéta-t-il.

Le détective avisé, celui qui nous avait quasiment poussés à entrer dans l'illégalité, semblait satisfait. Il se dirigea vers la maison où McElhanie et moi-même étions à l'abri, cachés dans la pièce de derrière. Il vit Bill, mais les mots de mon neveu l'avaient convaincu de ce que nous n'étions pas là. Ils discutèrent pendant un bon moment. Smith se montrait ferme et exprimait sa volonté d'en arrêter trois d'entre nous pour l'attaque du train.

– Je sais que c'est eux et je les aurai, dit-il, ne tenant aucun compte des affirmations de mon frère Bill selon lesquelles je n'avais pas quitté la ferme au moment de l'attaque et que Grat, lui, se trouvait à Fresno.

– Oh ! Je les aurai ! ricana-t-il, tandis qu'il défaisait la ceinture de son six-coups, ainsi que le faisait également O'Neill, se préparant tous deux à passer la nuit sur place. Dans l'obscurité de la pièce contiguë, que Smith n'avait pas eu l'idée de fouiller, McElhanie et moi osions à peine respirer.

Nous entendîmes Smith raconter à Bill, en fanfaronnant, ce qu'il ferait de nous une fois qu'il nous aurait mis la main dessus. Que nous soyons ou non coupables de l'attaque du train importait peu. Tant que lui, Smith, le détective, en était convaincu, c'était bel et bien suffisant. L'Express Company et les chemins de fer y veilleraient, les Dalton iraient en prison.

Ce fut à ce moment-là, dans cette pièce obscure et sordide, que naquit le gang des Dalton. Nous savions que Smith disait vrai lorsqu'il affirmait que s'il nous prenait nous risquions une peine de prison. Nous savions, comme le savait tout un chacun, que la vérité seule, sans le soutien de l'argent et du pouvoir, ne ferait pas le poids face à l'Express Company. Si nous n'avions pas été présents chez Bill ce soir-là, et si O'Neill ne s'était trouvé là, lui qui avait toujours été régulier et amical à notre égard, je suis persuadé que Smith aurait très vite mis ses menaces à exécution.

– Écoute, Bill, je suis désolé pour toi, mais sache que je vais coincer tes deux frères, tu pourras toujours leur rendre visite en prison, plus tard. Mais tu peux parier que je les aurai !

Aucun bruit ne filtra de l'endroit où nous nous trouvions. Cependant, de même que McElhanie, mes mains pressèrent ma Winchester un peu plus fort et je me retins de sortir en disant : « Ose donc pour voir ! »

Le lendemain matin, après que Smith et O'Neill furent partis, McElhanie et moi allâmes à l'écurie seller nos chevaux. Notre décision fut prise en un instant. Connaissant la région et ses pratiques, nous savions que proclamer notre innocence ne nous serait d'aucun secours face aux efforts déployés par l'Express Company. Il était aisé d'acheter des témoins. Quelques dollars suffiraient pour obtenir les faux témoignages qui nous accableraient, nous ou tout autre malheureux désigné par les autorités. En vérité, une vie ou deux pouvaient bien être sacrifiées, et l'Express Company tenait à tout prix à faire un exemple. Le destin voulut que nous en soyons les victimes. Mais cela aurait pu tomber sur n'importe qui d'autre.

Nous prîmes la direction des montagnes. D'après ce qu'avait affirmé Smith, nous savions qu'il était également sur les traces de notre frère Grat, mais nous n'étions pas inquiets sachant que Grat se trouvait à Fresno, chez un autre de nos frères, Littleton, et nous étions sûrs que son alibi – il se trouvait à cent miles de la scène du crime – serait facile à établir.

Nous étions bien loin du compte, car bien que nous ayons généralement conscience des risques, nous n'étions pas préparés à affronter cette corporation sans scrupules qui contrôlait une grande partie de l'État et qui était connue pour recruter, en certains de ses services tenus secrets, une bande de coupe-jarrets.

Alors que nous étions en fuite, forcés à entrer dans l'illégalité, Grat fut arrêté par Smith à Fresno. Mais Grat fit la preuve de son innocence en produisant le témoignage de Littleton et celui d'autres éminents citoyens affirmant qu'il avait passé la nuit à jouer au poker au Grand Central Hotel. Il était donc matériellement impossible qu'il pût se trouver en même temps à Fresno et à Alila, situés à cent miles de distance l'un de l'autre.

Grat fut donc libéré sur-le-champ. Il s'en retourna à San Francisco, assez amusé de cette expérience tout autant que de la déconvenue de Smith. Mais il avait sous-estimé la ténacité et l'obstination du détective dans cette affaire, qualités qu'il aurait, à mon sens, pu utiliser pour servir une plus juste cause.

Grat fut arrêté une deuxième fois par Smith à San Francisco. Smith prétendait que Grat avait été vu en notre compagnie, ce qui, bien sûr, était faux. De plus, on nous avait forgé une réputation basée sur des racontars issus de l'imagination populaire et celle-ci nous avait précédés depuis l'Oklahoma. En outre, n'étions-nous pas des fugitifs, poursuivis par la justice, et pour la capture desquels on promettait une récompense conséquente ?

Mais, une fois de plus, Grat s'en tira et revint à la ferme de Bill reprendre son travail de régisseur. Là encore, Smith, dans sa ténacité, le poursuivit et le fit emprisonner à nouveau pour le même délit. Cette fois, Smith trouva un tribunal tout acquis à sa cause et subordonné aux puissances dont il était le représentant. Pour la troisième fois, Grat s'apprêta à se défendre, à raconter son histoire, à répéter son alibi pour la fameuse nuit de l'attaque du train. Mais la caution fut, cette fois, fixée à vingt mille dollars, somme qu'il ne pouvait réunir. Il fut donc obligé de rester en prison pendant la durée de son procès.

7

Bob s'échappe de Californie

Pendant ce temps, raconta encore Bob[1], McElhanie et moi avions trouvé refuge dans les montagnes. Nous y demeurâmes jusqu'à ce que la patrouille abandonnât la poursuite. Puis nous rentrâmes dans l'Oklahoma. En longeant à pied Coast Range, nous prîmes la direction de Tehachapee Pass, où les montagnes Coast Range rencontrent celles de la Sierra Nevada. Nous avions chevauché toute la journée sans manger et sans nourrir nos chevaux. Nous atteignîmes le sommet des montagnes vers minuit. Il commençait à neiger, il faisait sombre et froid. Le chemin était si étroit que nous dûmes nous arrêter, desseller les chevaux et faire un feu avec des pommes de pin. Nous nous allongeâmes ensuite pour dormir, tout cela sous une neige incessante, en laissant nos

1. Suite du récit de Bob Dalton. *(N.d.É.)*

chevaux manger les feuillages qu'ils pouvaient atteindre sur les arbres.

Vers trois heures du matin, nos chevaux se mirent à renâcler nerveusement et tentèrent de s'échapper. Nous laissâmes nos couvertures et rampâmes vers l'endroit où ils se trouvaient afin de voir ce qui les troublait.

Au sommet d'un arbre, à peu près à trente yards de distance, j'aperçus une forme large et sombre, ce qui me coupa presque le souffle. Saisissant aussitôt ma Winchester, je tirai. Quelque chose tomba de l'arbre, brisant sur son passage des branches mortes en faisant ce même bruit que font les pétards des enfants qui fêtent le 4 juillet. Un grognement plaintif s'ensuivit. En nous avançant prudemment vers lui, à la lumière d'une allumette, nous vîmes qu'il s'agissait d'un jeune puma.

Un sourire sur son visage, le Kid (McElhanie) me demanda :

– Penses-tu que tu aurais visé aussi bien si ça avait été le détective Smith ?

Ce à quoi je répondis :

– En tout cas, j'essaierais avec grand plaisir.

Le lendemain matin, nous sellâmes nos chevaux et longeâmes le Pass, jusqu'au modeste ranch d'un vieil Irlandais. À cet endroit, nous pûmes nourrir nos chevaux et prendre un petit déjeuner. Notre hôte s'étendit longuement sur l'attaque du train d'Alila et sur la manière dont les représentants de la loi pourraient s'y prendre pour mettre la main sur les Dalton. Mais, quand il avait vu ce bon vieux nom irlandais « Dalton » dans les journaux, il avait su que personne ne pourrait jamais les arrêter.

Il ajouta qu'il n'aurait pas eu l'audace de le faire, même avec quelques années de moins. Il avait un fils qui avait été deputy shérif plusieurs années et qui n'aurait pas été capable de le faire non plus. Nous saluâmes notre hôte l'informant que nous serions de retour trois ou quatre jours plus tard. Puis nous traversâmes la vallée sur une distance de vingt miles, en direction du désert de Mojave.

Vers trois heures de l'après-midi, nous fîmes halte dans un campement de bergers, près du désert, où nous passâmes la nuit. Au matin suivant, nous tentâmes de traverser le désert en direction de Needles, Californie, un défi qui n'avait jamais été relevé et que nous ne pûmes d'ailleurs pas relever.

Après avoir marché le long de la voie ferrée de Santa Fe pendant deux jours, sous le soleil brûlant à travers les immensités couvertes de cactus qui grouillaient de lapins et de serpents à sonnette, nous vîmes se dresser le bâtiment d'un relais ferroviaire. Le cheval du Kid était littéralement épuisé, mais, ralentissant l'allure, nous parvînmes jusqu'au relais, où nous rencontrâmes le gardien ainsi que sa femme, deux des personnes les plus agréables que j'aie eu la chance de rencontrer. Après qu'ils nous eurent donné à manger, nous nous présentâmes comme des bergers rejoignant un troupeau dans l'Arizona et désirant leur laisser nos chevaux jusqu'à notre retour.

Ceci étant entendu, nous prîmes le premier train de marchandises pour Needles ; là, nous changeâmes pour un train de passagers qui nous amena à Peabody au Kansas et, de là, à Dover dans l'Oklahoma. Une fois descendus du train, nous nous rendîmes chez notre mère et ce soir-là, on peut dire que Smith, le fameux détective, avait été doublé.

Tel fut le récit de Bob.

Bill avait écrit à notre sœur, qui m'assura que Bob et McElhanie seraient bientôt de retour, aussi je me tenais prêt à les accueillir gardant leurs chevaux et leurs Winchesters. Cette nuit-là, nous prîmes tous nos chevaux et nous rendîmes à l'est de Guthrie, chez Newcomb, où celui-ci se joignit à nous, puis nous partîmes tous ensemble pour le pays des Indiens Creek.

En passant à Guthrie, Bob vit Miss Moore, à qui il avait demandé de venir de Silver City. McElhanie, lui, rendit visite à sa sœur dans l'Arkansas et ne revint pas. À nouveau, nous parcourûmes les plaines. Il avait suffi d'une ou deux étapes dans des campements de gardiens de troupeaux pour que la nouvelle se répandît avec une rapidité que ne pourrait concurrencer la télégraphie sans fil d'aujourd'hui : les Dalton étaient de retour.

Bientôt Doolin, Broadwell et Powers nous rejoignirent et nous commençâmes à chercher quelque chose de nouveau à entreprendre. Nous n'attendions qu'une chose, l'arrivée de Grat. C'était toujours pareil. Nous chevauchions au hasard pour rester à couvert le plus longtemps possible. La nouvelle se répandit que nous étions recherchés en Californie et nous nous sentions traqués.

Un matin, alors que nous nous reposions au flanc d'une colline, nous aperçûmes un groupe d'hommes qui approchait. Cela ne pouvait être un hasard. Il était urgent de savoir s'il s'agissait d'amis ou d'ennemis. Nous contournâmes la colline pour tenir conseil à l'abri du ravin. À une distance d'environ cent yards, nous pûmes identifier le groupe : il y avait Hek Thomas, un deputy marshal, un bon ami, un homme avec lequel nous avions souvent côtoyé la mort et le danger. Il y avait aussi Burril Cox, un autre deputy, un salopard, un parasite qui avait vécu à nos crochets pendant des années. Ensuite, nous avons reconnu notre vieil ennemi Smith, le détective de la Wells Fargo, et à ses côtés Tiger Jack, un éclaireur indien reconnu comme l'un des meilleurs pisteurs du pays.

Avec Smith et Jack dans le groupe, il ne pouvait subsister aucun doute sur leurs intentions : ils étaient sur nos traces. Bob prit ses jumelles et observa leur approche. Aucun de nous ne souffla mot, et lorsque nous saisîmes nos fusils, l'anxiété était palpable. Aussi loin qu'il fût, je suivais précisément les mouvements de Smith. Toute la rancœur que j'avais accumulée refaisait surface. Mais le coup de feu pour lequel je m'étais préparé ne fut jamais tiré.

À une courte distance de nous, le groupe s'arrêta et les hommes descendirent de cheval. Ils commencèrent ensuite à établir leur campement. Nous suivions attentivement les préparatifs et Bob rapportait des bribes de conversation qu'il pouvait lire sur leurs lèvres. Si Hek Thomas n'avait pas fait partie du groupe, nous aurions rampé vers eux et les aurions liquidés sans autre forme de procès. Mais Thomas était notre ami et nous savions que, dans ce genre d'assaut, l'amitié n'avait pas sa place. Au premier coup de feu, c'est chacun pour soi. Consécutivement, nous ne fîmes pas un geste. Nous vîmes ensuite l'Indien Jack s'éloigner de la troupe, il ne vint pas directement vers nous mais contourna notre position. Nous nous déplaçâmes légèrement afin d'être couverts au maximum. Mais, en voyant l'Indien rebrousser chemin et retourner vers Smith, nous fûmes soulagés. Visiblement, un problème avait surgi entre eux. Nous vîmes l'Indien prendre son cheval et s'éloigner. Smith, le voyant faire, criait furieusement.

Plus tard, j'appris que l'Indien nous avait repérés. À partir de là, les cinq dollars par jour qu'il recevait devenaient, on le comprend, peu attractifs. En rejoignant le groupe il avait simplement dit : « squaw malade », que sa famille avait besoin de lui et que son retour devait être immédiat. Smith et les autres savaient qu'il s'agissait d'un prétexte et essayèrent de le raisonner. Ils sentaient que nous étions tout près mais ne pouvaient déterminer dans quelle direction. Ils proposèrent à Jack dix dollars par jour s'il retrouvait notre trace ; cela fut sans effet aucun : « Squaw malade. »

Discuter avec un Indien, c'est comme discuter avec une femme. Autant prendre un parapluie sous la douche que de batailler avec une raisonneuse. Finalement, toutes ces paroles furent inutiles car le groupe reprit sa route, inconscient du danger dans lequel il s'était trouvé. Ce fut la première et la dernière fois qu'ils nous prirent en chasse.

8

L'attaque du train de Worthon

Une traque permanente avait passablement éprouvé nos nerfs.

Je n'ai jamais vraiment étudié la psychologie — et il se peut que ma logique soit parfois erronée — aussi ne puis-je trouver la véritable raison qui faisait que nous étions toujours sur la frontière entre le bien et le mal. Mais je suis certain qu'au cours de nos interminables chevauchées à travers les déserts et les vallées, pendant les nuits où nous campions sous les étoiles dans la plaine, notre amertume ne faisait que croître.

Dans le pays, nombreux étaient ceux qui vivaient comme nous, en marge de la loi, ce qui fit que peu à peu nous intégrâmes cette sorte de confraternité. Poursuivis comme nous l'étions, obligés parfois de sillonner des régions d'un bout à l'autre afin d'échapper aux shérifs et aux marshals qui couraient après la récompense offerte pour notre capture, du fait de crimes dont nous ne savions rien, nous ne fûmes en contact qu'avec des bandits et des criminels de tout acabit. Les premiers d'entre eux avec lesquels nous nous soyons liés furent George Newcomb et Charley Bryant. Ils participèrent à notre équipée au Nouveau-Mexique. Bons cavaliers, excellents tireurs, c'était de vrais durs. Par leur témérité et leur goût du risque, ils ressemblaient à Bob.

Notre réputation grandissait sans que nous y soyons pour quoi que ce soit. N'importe où que ce fut, dès que se produisait une attaque ou un hold-up, on disait invariablement : « C'est un coup des Dalton. » Il ne se passait pas une journée sans que soient évoqués différents crimes qu'on nous attribuait. L'attaque du train de Worthon eut lieu plus tard.

Alors qu'elle transcrivait des bribes de conversation au hasard, Miss Moore, qui était télégraphiste amateur, apprit que la Wells-Fargo Express Company avait l'intention de transférer une somme d'argent assez énorme à partir de Kansas City, Missouri. Elle vint nous trouver à Guthrie, sur le cheval que Bob lui avait offert ; mon frère nous y rejoignit. Elle mit Bob au courant et rentra à Guthrie dans la nuit. Après s'être consultés, Bob, George Newcomb et Charley Bryant décidèrent d'attaquer l'Express près de Worthon dans Cherokee Strip.

Que l'on me permette cette digression afin d'expliquer un certain nombre de choses.

C'est le ressentiment contre l'Express Company qui motivait nos actes. Grat était en prison et, d'après les informations que nous avions, il était presque certain d'être condamné. Nos têtes étaient mises à prix. Nous n'en voulions qu'à l'Express Company et nous nous accordions à considérer qu'elle était la cause de nos maux et qu'elle nous avait fait souffrir sans raisons valables.

Après avoir minutieusement planifié l'attaque de Worthon, Bob m'indiqua ce que je devais faire. Il vint à côté de moi et me dit :

– Demain soir, tu iras à Guthrie voir Miss Moore ; tu lui diras de se rendre à Woodward et d'y rester jusqu'à ce que je me manifeste, puis tu iras à Kingfisher où tu achèteras quelques cartouches. Tu resteras au camp de Riley. Tu y prépareras nos chevaux, et tu les tiendras prêts. »

Voici l'attaque, telle qu'elle me fut racontée :

« Sans perdre de temps, nous nous sommes tous trois dirigés vers Worthon, à une distance d'environ dix miles de notre camp. Nous mîmes pied à terre à un quart de mile de la ville, attachant nos chevaux à la clôture d'un corral. Là, Bryant devait les surveiller. Le plan d'action était simple, comme nous l'avons vu. Bob et Newcomb devaient se rendre à Worthon et attendre le train de vingt-deux heures trente. Quand le conducteur donnerait le signal de départ, ils devraient sauter dans la locomotive, maîtriser le chauffeur et le machiniste et les forcer à conduire le train jusqu'au parc à bétail où Bryant attendrait. Ensuite, ils obligeraient les employés à descendre, détacheraient la locomotive des wagons, forceraient le wagon de l'Express, prendraient tout ce qu'ils pourraient, et rejoindraient Bryant qui attendrait avec les chevaux près du corral. »

Tout fonctionna à la perfection, selon ce qu'ils avaient planifié. Quand le train s'arrêta dans la petite gare délabrée, Bob et Newcomb étaient cachés aux abords de la voie et se confondaient avec les ombres nocturnes. Près du corral, Bryant attendait, fumant nerveusement une cigarette en guettant l'approche du train.

Au terme de cette attente, la lumière du phare apparut sur la voie suivie du toussotement de la motrice. Dans l'obscurité, Bryant put distinguer différentes silhouettes dans la cabine de la locomotive et comprit alors que le plan fonctionnait.

Bryant me raconta les événements ainsi :

« J'allais d'un cheval à l'autre, en toute hâte, afin que tout soit prêt pour notre fuite, que je savais imminente. Le train commença à ralentir au niveau du parc à bétail. J'aperçus Bob et Newcomb qui tenaient en joue le machiniste, leurs six-coups à la main.

Quand le train s'arrêta, Newcomb en bondit armé de son revolver, prêt à neutraliser le contrôleur ou quiconque aurait pu descendre pour s'informer de la cause du retard. Alors, n'y tenant plus, je me précipitai pour les rejoindre.

Bob obligea le chauffeur et le machiniste à se rendre dans la voiture de l'Express, cogna à la porte et vit apparaître le visage livide du convoyeur. Je l'entendis demander :

– Qu'est-ce qui se passe ? Qu'est-ce qu'il y a ?

Ce à quoi Bob répondit en sautant dans la voiture, revolver au poing, pour le mettre en joue avant qu'il ne puisse se servir de son revolver ou de sa Winchester. Pendant ce temps, Newcomb avait pris position, longeant le train. Les quelques têtes curieuses qui s'étaient penchées aux fenêtres rentrèrent brusquement dès qu'il ordonna : "Hé là, rentrez-moi ça !" ordre explicitement soutenu par son long Colt.

Lorsque Bob pénétra dans la voiture, il vit deux coffres-forts, un petit, contenant les paquets qui étaient déchargés aux différents arrêts, et un autre, plus grand, au contenu plus conséquent.

L'Express Company avait fait circuler l'information selon laquelle la combinaison serait toujours décidée à Gainesville ou à Kansas City, par l'agent local de l'Express et télégraphiée ensuite au terminus du train, de façon à ce que même le convoyeur de la voiture ne puisse la connaître et donc ouvrir le coffre-fort en route. Cette information circulait sur toutes les lignes qui traversaient le Territoire indien.

Tout d'abord, Bob contraignit le convoyeur à ouvrir le petit coffre-fort. Ce dernier s'exécuta sans peine. Bob portait un sac au bras gauche.

– Dépose tout ça ici, ordonna Bob.

Le convoyeur se pencha dans le coffre-fort et en ressortit avec une poignée de paquets qu'il jeta dans le sac. Bob regarda dans le coffre afin de s'assurer qu'il fût bien vide.

– Maintenant, tu ouvres le grand, ordonna Bob.

– Honnêtement, je ne connais pas la combinaison, répondit le convoyeur. Il a été verrouillé à Kansas City et la combinaison a été télégraphiée. Je n'en ai vraiment aucune idée. Cela me désole, mais je ne la connais pas.

Bob savait parfaitement que cette histoire de combinaison secrète n'était qu'un stratagème à utiliser en cas d'urgence, comme celui-là.

– Ouvre ça, mon garçon, ou ça sera ton dernier voyage, menaça-t-il, en lui enfonçant le revolver dans les côtes.

– Mon Dieu, pitié, je ne connais pas la combinaison, répondit le convoyeur qui était, à présent, agenouillé près du coffre-fort.

– Tu es un sale menteur et je le sais, dit Bob. Ouvre ça ou... ! et il tira un coup de feu dans le sol, à quelques pouces seulement du genou du convoyeur.

L'on entendit alors une série de coups de feu provenant de l'extérieur. C'était Newcomb et moi qui tirions en l'air pour que les voyageurs se tiennent tranquilles et restent à l'intérieur.

Le crépitement des coups de feu eut raison de la détermination du convoyeur. Après tout, il n'était qu'employé, et sa vie lui était précieuse. En trente secondes, le coffre fut ouvert et le convoyeur jeta les paquets, les uns après les autres, quelques-uns volumineux, d'autres plus petits, mais tous de valeur, dans la gueule béante du sac.

– Je pense que ça ira, mon gars, dit Bob en sortant.

Nous prîmes alors nos chevaux et rejoignîmes notre campement. Sur le chemin du retour, nous ouvrîmes tous les paquets. Le butin était d'environ neuf mille dollars. »

9

Hors-la-loi

Une attaque de train en Californie avait fait de nous, les Dalton, des pilleurs de trains, et c'est ce que nous étions à présent. Nous apprîmes plus tard que dans le train de Worthon voyageait le marshal Ransom Payne, qui devint la risée de tous ses collègues pour n'avoir pas même tenté d'utiliser son revolver, et qui par la suite fut démis de ses fonctions par le marshal Grimes pour s'être représenté sous les traits d'un héros dans un livre contrefait qui n'était qu'un tissu de balivernes sur la vie des Dalton.

L'on vit alors, sporadiquement, apparaître des chasseurs de primes amateurs, essentiellement désireux de se faire un nom à peu de frais, qui parcouraient le pays sur les prétendues pistes « fraîches » du gang des Dalton. Ils étaient surtout attentifs à ne pas trop perdre de vue l'argent de la Company. Tant que ces soi-disant pisteurs livraient les fameux résultats de leurs recherches, ils encaissaient leurs subsides. Ainsi, Ransom Payne put vivre grassement pendant près d'une année en demeurant toujours éloigné de nous de plusieurs miles, sauf à Worthon, bien entendu.

Un jour, Payne, à la tête de seize cavaliers intrépides, réussit à repérer notre piste et campa à moins de quatre miles de l'endroit où nous étions. Il me fut répété plus tard, par l'un des compagnons de Payne, qu'un fermier qui savait où nous étions l'avait renseigné.

– Où sont-ils ? demanda-t-il en proie à l'excitation, sa Winchester à la main, en se donnant des allures guerrières.

– Environ quatre miles en suivant cette route, sur la gauche au niveau du premier vallon, juste après les premiers bâtiments de la ferme située au carrefour.

La réponse fut on ne peut plus précise.

– Est ou ouest ? demanda Payne.

– À l'est, répondit le fermier.

– En selle les gars, pavoisa Payne, et dès qu'ils furent tous sur leurs chevaux, Payne prit le commandement et se dirigea vers... l'ouest.

Après l'attaque de Worthon, nous ne ressentions plus comme impérieuse la nécessité de poursuivre dans la carrière du banditisme. Nous ne nous étions pas révoltés contre la société entière, mais seulement contre l'Express Company envers laquelle nous avions nourri une amertume pour le moins aussi tenace que celle qu'éprouvaient la plupart de ses nombreux ennemis.

Notre rancœur était dirigée contre ses intérêts et eux seuls.

Je tiens à rectifier ici les versions mensongères qui nous montrent sous les traits des pires desperados : nous n'appartenions pas à cette espèce de malfrats qui faisaient irruption dans les villages en faisant crépiter les coups de feu. Parmi les innombrables crimes qui nous ont été imputés, une grande partie résulte de calomnies produites par les marchands de scandales, quand elle n'est pas le fruit de mensonges éhontés colportés par ces pseudo-détectives engagés par les compagnies de chemin de fer. D'autres inventions proviennent encore de l'incompétence de certains représentants de la loi qui, incapables d'élucider certaines affaires, se couvraient en concluant : « C'est un coup des Dalton. »

J'ai toujours entretenu des liens très étroits avec mon frère Bob ; depuis le moment où nous apprîmes au ranch de Bill en Californie que nous étions suspectés du hold-up d'Alila, jusqu'à cette ultime minute dans la rue de Coffeyville, il ne se passa pas une heure sans que je pusse savoir où le trouver. Il était le leader de notre groupe et rien ne se faisait sans son approbation. Rien ne se faisait sans qu'il le décidât, et imaginer les Dalton comme une bande de quinze ou seize ruffians écumant sauvagement le pays, en le maintenant dans un état de terreur, est une idée fausse. Mais, comme je l'ai dit précédemment, il ne s'agit pas pour moi de prendre ici notre défense mais de laisser les faits être éloquents.

Un commentaire, toutefois, à titre personnel. Au cours de mes voyages à travers le pays, j'ai rencontré au moins un demi-millier de personnes de bonne foi qui m'ont tranquillement raconté, et ce dans les moindres détails, la participation d'un de leurs amis ou parents à la fameuse équipée du gang des Dalton. Peut-être me suis-je privé d'amitiés intéressantes en refusant de reconnaître ces « compagnons de crime » ? Mais ceux qui se réclament de notre parrainage sont sans doute du genre d'« amis » essentiellement avides de s'accaparer un peu de la légende attachée à notre nom.

Lorsque nous avons initié notre « campagne de représailles », George Newcomb et Charles Bryant furent de la partie. Bryant fut tué plus tard par le marshal Short, qui fut lui-même tué en même temps. Par la suite, Bill Powers, Charlie Pierce, mon frère Grat, Dick Broadwell, Bill McElhanie et Bill Doolin se joignirent à nous. Et ce furent les seules personnes à constituer la bande, il n'y eut jamais d'autres membres. Tous sont maintenant morts et je suis le seul survivant de cette période troublée.

Les poursuites qui étaient organisées après chacune de nos attaques n'excédaient jamais quelques heures. Nous avions pour habitude de gagner les collines alentour puis de parcourir quelques miles afin de nous mettre à distance raisonnable du lieu de l'attaque. Là-bas, j'attendais avec des montures fraîches. Ensuite, nous nous enfoncions dans le pays, en ayant soin d'éviter les villes et les villages.

Nos poursuivants s'acharnaient souvent pendant quelques jours au terme desquels ils finissaient par abandonner. À une ou deux reprises, nous fûmes pris en chasse par des hommes qui montrèrent une authentique détermination, mais ils étaient trop peu nombreux et trop dispersés pour représenter un véritable danger. Les fermiers étaient généralement nos amis. Si nous avions été aussi terribles que les fictions veulent le laisser croire, nous aurions été incapables de tenir aussi longtemps.

Aujourd'hui encore, je ne puis clairement expliquer pourquoi nous décidâmes d'attaquer le train de Worthon. Nous vécûmes pendant plusieurs mois dans une sorte de dérive, contraints par les circonstances à devenir des ennemis de la société et de la loi. Quoi qu'il en soit, notre quotidien n'était pas celui que l'on peut imaginer à travers les images toutes faites sur les hors-la-loi. Nous ne menions pas la vie dissipée que l'on attribue ordinairement aux bandits. Aucun de nous ne buvait. Notre unique objectif dans la vie, nourri d'une inextinguible amertume, consistait à harceler notre ennemi déclaré, l'Express Company, lui causer le plus de pertes possibles, après quoi nous partirions pour l'Amérique du Sud et recommencerions tout à zéro.

Je ne me souviens pas de qui eut le premier l'idée d'attaquer le train de Worthon. Mais aussitôt formulée, la proposition fut acceptée. Bob, que l'on considérait comme notre chef, me confia le travail de repérage ; ce fut désormais mon rôle lors des expéditions suivantes. J'étais, de fait, moins exposé aux dangers que ne l'étaient les autres. L'affection que Bob me portait était réciproque. Il aurait donné sa vie pour moi, n'importe quand, et ce fut dans l'intention de le sauver que je revins dans la fusillade à Coffeyville, alors qu'il s'était effondré, mortellement blessé, mettant fin à la carrière des Dalton.

Notre arrivée était fréquemment perçue par les fermiers pauvres comme une manne providentielle et non comme une menace. Nous avions de l'argent, malhonnêtement gagné il est vrai, mais de nos jours qui se soucie de savoir d'où provient l'argent lorsqu'il est offert ? À vrai dire, bien peu de gens. Nous avions besoin de vivres, de munitions et de chevaux. Nous les payions et nous les payions même royalement. Bob, qui était d'une grande générosité, malgré son caractère trempé et ses haines irréconciliables, était capable de payer à un fermier quatre ou cinq fois la valeur réelle d'une chose juste pour le tirer d'un mauvais pas. Peut-être doit-on considérer ce procédé comme une forme de corruption, mais c'est ainsi que ça fonctionnait. Cet argent nous ouvrait bien des portes, et comme il provenait de l'Express Company, nous n'étions pas encombrés de scrupules.

Les représentants de la loi ne nous ont jamais donné beaucoup de fil à retordre ; par ailleurs, il est exceptionnel qu'ils mettent la main sur qui que ce soit, même de nos jours, sauf si quelqu'un les soudoie.

10

La mort de Charles Bryant

Après un repos de quelques jours, Bryant quitta notre camp, établi chez Riley, pour rendre visite à son frère Jim, à Mullhall dans l'Oklahoma. Étant tombé malade en chemin, il fit halte dans la petite ville de Hennessee pour y passer la nuit. Il prit une chambre dans l'unique hôtel de la ville. Bêtement, il monta avec sa Winchester, et cela suffit à éveiller les soupçons de l'hôtelier qui s'empressa de télégraphier au marshal Grimes, à Kingfisher.

Bien qu'il ne possédât pas de très brillantes facultés intellectuelles, Bryant fut cependant assez rusé pour brouiller ses traces et seule la rumeur permit d'établir son appartenance au gang des Dalton.

Le deputy marshal Ed Short fut mandaté pour appréhender Bryant, sur lequel pesaient des soupçons sans savoir qui il était ; quand Short et ses adjoints firent irruption dans l'hôtel, Bryant était malade et alité. La porte de sa chambre était fermée à clé.

– Que voulez-vous et qui êtes-vous ? demanda Bryant en entendant frapper à la porte.

– Je suis le marshal Short. J'ai ordre de vous arrêter, répondit le deputy à travers la porte.

– Je suis trop malade pour vous parler, n'essayez pas de rentrer ou je vous descends, rétorqua faiblement Bryant qui était sur son lit.

Ils commencèrent à parlementer. Bryant, qui était trop malade pour se soucier de savoir s'il valait mieux rester là ou aller en prison, risqua finalement la proposition suivante :

– Écoutez, Short, dit-il, je suis un homme malade. Je vous suivrai sans résistance si j'ai votre parole que vous ne me mettrez pas les menottes, mais si vous tentez de forcer cette porte, je vous liquide.

– Nous sommes d'accord, promit Short, je vais faire appeler un médecin.

Bryant ouvrit la porte et Short entra. Il prit d'abord le revolver et la Winchester qui étaient posés sur le lit à côté de lui sans que Bryant réagît. Puis Short tint parole et envoya chercher un médecin qui put constater que le malade ne simulait pas. Après qu'on lui eut administré une forte dose de médicament, il fallut attendre deux ou trois heures avant que Bryant pût bouger.

Au terme de cette attente, Short pénétra dans la chambre, brandissant une paire de menottes.

– Levez-vous et passez-les, ordonna-t-il. Nous partons pour Wichita.

– D'accord, je vais vous suivre. Mais vous n'avez pas besoin de ça. Et vous aviez dit…

– Peu importe ce que j'ai dit, mets-les, répondit Short sèchement.

En quelques instants, Bryant fut debout au milieu de la pièce, solidement entravé.

Short commença alors à se moquer de lui.

– Tu ne croyais tout de même pas que j'allais te sortir d'ici sans menottes, imbécile, railla-t-il.

– J'avais votre parole, répliqua Bryant.

– Quelle parole ? ajouta Short. Tu sauras qu'il ne faut faire confiance à personne.

– Peut-être, mais moi je n'ai qu'une parole, répliqua rudement Bryant, et je vais vous descendre, souvenez-vous de ça.

– C'est ce qu'on va voir. Je ne pense pas que tu sois en mesure de le faire pendant un bon moment. Je peux t'avoir sous la main quand je veux, renchérit Short alors qu'ils se dirigeaient vers le train. Cependant, quelques heures plus tard, il fut démontré que Bryant tenait mieux sa parole que le marshal, et que sa promesse trahie coûta la vie à Short.

Quand le train arriva en gare, Short fit monter Bryant. Il y avait foule, et comme il craignait que des amis de Bryant tentent quelque chose, il le fit passer dans le wagon des bagages. Une fois installés, Short réalisa qu'il avait oublié sa Winchester sur son siège.

– Vous, prenez cette arme et surveillez-le, dit Short au convoyeur en lui laissant son six-coups posé sur une malle. Je vais chercher ma Winchester.

Au moment où il ferma la porte pour se rendre dans l'autre wagon, Bryant, assis sur une caisse, aperçut le revolver posé sur la malle à l'autre bout de la voiture. Le convoyeur était assis sur un ballot, sans même lui prêter attention. Bryant bondit et, en quelques enjambées, s'empara du revolver alors même qu'il avait les mains menottées.

– Pas un geste ! cria-t-il rageusement quand le convoyeur esquissa le mouvement de saisir sa propre Winchester accrochée au mur de la voiture. Je vais tuer ce marshal. Regarde ce qui arrive quand on ne tient pas parole.

Il traversa la voiture et ouvrit la porte. Le train avançait en tanguant. Bryant se posta de manière à pouvoir surveiller simultanément la porte opposée et le convoyeur. Il avait très peu de temps devant lui. Quand la porte s'ouvrit, Short apparut, sa Winchester à la main.

– Je t'avais bien dit que je t'enverrais en enfer ! cria Bryant dans le vacarme du train.

En disant ces mots, il fit feu. Mais cette ultime bravade provoqua sa perte. Au même moment Short tira également. Le revolver et la Winchester parlèrent simultanément. Les deux hommes se raidirent. La Winchester tomba de la main de Short et le revolver de la main de Bryant. Après un vacillement, les deux corps s'effondrèrent et roulèrent ensemble hors de la plate-forme, sur la voie ferrée. Telle fut la fin de Charles Bryant, un combattant exemplaire, et de Short, l'homme qui avait trahi sa parole.

Je sais que Bryant avait sur lui environ mille huit cents dollars en quittant notre camp, cependant, lorsque son frère Jim vint réclamer son corps et ses affaires à Hennessee, seuls le cheval, la selle et la Winchester lui furent rendus.

11

Le départ pour l'Amérique du Sud

Après mûres réflexions, nous prîmes conscience de la nature absurde et des inévitables conséquences de la vie criminelle ; nous nous décidâmes à mettre le cap sur l'Amérique du Sud. Bob et moi prîmes nos chevaux et allâmes à Woodward où il s'entendit avec Miss Moore pour qu'elle se rende à Wagoner, dans le Territoire indien et qu'elle y demeure en attendant des nouvelles de Bob. L'intention de Bob était qu'elle prenne un train à Wagoner, puis qu'elle se rende à Tampa, en Floride, où ils se marieraient juste avant de prendre un bateau pour l'Amérique du Sud, mais la nouvelle de l'inculpation de Grat en Californie bouleversa complètement ses plans.

De fait, nous considérions avoir réglé nos comptes avec l'Express Company. Il nous fallait néanmoins gagner l'Amérique du Sud, ce qui n'était pas une mince affaire. Nous savions que la police n'attacherait aucune importance à notre désir de nous racheter. Des patrouilles étaient à nos trousses et le simple fait de mentionner le nom des Dalton avait pour effet de grossir chaque jour davantage le rang des détectives amateurs qui cherchaient à se faire un nom en empochant la récompense promise pour notre capture.

Nous fîmes le voyage en prenant les précautions indispensables. Nous attendîmes même quelques jours avant de prendre le train. À Springfield, dans le Missouri, nous fîmes un changement en direction de Memphis, Tennessee, avec l'intention de nous rendre à Atlanta et de là gagner Tampa pour prendre un bateau.

Nous dûmes d'abord nous débarrasser de nos tenues de cow-boys. Bob acheta des vêtements bon marché, semblables à ceux qu'utilisent les fermiers quand ils vont « à la ville ».

Je portais une salopette et, à la place des habituelles bottes à éperons, des chaussures qui n'étaient pas vraiment adaptées à une longue marche. Nous étions bien loin du confort que l'on ressent sur son cheval favori. Un misérable chapeau de paille complétait mon accoutrement, et l'on m'eût facilement pris pour un fermier qui « montait de sa campagne ».

En arrivant à Memphis, j'achetai un billet pour Atlanta. En traversant la gare, je remarquai deux ou trois hommes, très certainement des détectives qui observaient attentivement les passagers.

Au moment où je passais à côté d'eux, je les entendis chuchoter : « Ce gars n'a pas l'air d'un fermier, il marche comme un cow-boy. »

Je n'en dis rien à Bob. J'achetai les billets pour un prix de seize dollars et soixante-quinze cents et nous montâmes tous les deux dans le wagon fumoir. Nous fîmes comme si de rien n'était, indifférents au manège des deux policiers qui faisaient les cent pas au long de la plate-forme, surveillant scrupuleusement tous les passagers, en particulier nous, deux fermiers d'apparence inoffensive. La situation, de toute évidence, ne se présentait pas sous les meilleurs auspices, je continuais cependant à lire mon journal comme si de rien n'était. Sous ma salopette de jeune fermier anodin étaient dissimulés deux grands Colt 45 prêts à être dégainés à la moindre alerte. Le grand fermier hâlé, tranquillement assis à côté de moi, cachait le même équipement.

Le passage incessant des policiers le long de la plate-forme attirait l'attention sur nous. Ils me firent penser à une dinde cherchant une sauterelle. Un jeune homme qui était assis devant nous se retourna et dit à voix basse comme s'il ne s'adressait à personne en particulier :

– Certains devraient faire gaffe.

Nous comprîmes l'avertissement.

– File dans l'autre wagon, dit Bob, je te suis.

J'y allai immédiatement, mais dans ma précipitation, je heurtai l'un des policiers qui était reparti pour une ronde d'inspection.

L'attitude des policiers fut tout à fait grotesque. Il était évident qu'ils nous soupçonnaient, mais je ne sais s'ils ont pensé que nous pouvions être les

Dalton et ont eu peur de nous arrêter, toujours est-il que s'ils avaient essayé il y aurait eu du grabuge à Memphis. Bob me suivit dans l'autre wagon, me fit un signe de tête et marcha ensuite droit devant lui. Je le rejoignis sur la plate-forme et nous descendîmes du train en ayant bien soin de nous fondre dans la foule chacun de notre côté.

– On est pas passés loin ! dit Bob un peu plus tard. Ce n'était pas une bonne idée.

Je conserve toujours ces deux billets non utilisés. Je me demande même si je peux en être remboursé par la compagnie de chemin de fer. J'essayerai un de ces jours si je vais à Memphis.

Nous modifiâmes donc notre parcours et prîmes la direction de La Nouvelle-Orléans.

Le voyage à La Nouvelle-Orléans se fit sans incidents particuliers.

Nous étions dans le même compartiment mais éloignés sans prêter attention l'un à l'autre. Nous pensions qu'il était ainsi plus facile d'échapper à la vigilance des détectives des chemins de fer et de la police qui recherchaient les Dalton et non un seul Dalton. Notre supposition s'avéra exacte et nous arrivâmes à La Nouvelle-Orléans, sains et saufs.

Nous prîmes une petite chambre tranquille sur la rue Driett où nous commençâmes à préparer notre voyage pour l'Amérique du Sud. Nous décidâmes de ne pas prendre les billets de bateau trop tôt afin de ne pas éveiller l'attention et restâmes quelques jours à profiter de petites vacances.

Nous avions pas mal d'argent et, pour la première fois depuis des mois, nous pûmes nous détendre.

Une fois là-bas, nous reposant d'une traque incessante, tout en restant prudemment hors de portée des policiers, détectives et agents ferroviaires, le hasard voulut que nous entendions les fables sanglantes d'un employé du tribunal de police de La Nouvelle-Orléans qui narrait ses aventures avec « les Dalton ». Assis dans le hall de l'hôtel, j'appris, entre autres choses, que notre compagnon ici présent s'était battu avec moi en 1861 et que j'avais reçu une correction mémorable. Bien qu'ayant toujours possédé un grand sens de l'humour, je réprimai mon envie de rire et d'informer l'auteur de ces racontars que l'Emmett Dalton dont il parlait était assis à côté de lui et que je n'étais né qu'après la guerre de Sécession. Par conséquent, ou bien sa mémoire des dates était fortement altérée, ou alors c'était un fieffé menteur.

Quoi qu'il en soit, je peux accorder à Smith qu'il n'était pas aussi stupide que cet autre détective qui vint chez moi à Tulsa, dans l'Oklahoma, après ma libération, pour me dire :

– Emmett, on m'a dit où vous aviez enterré votre magot. J'ai cherché plusieurs fois mais je n'ai jamais pu mettre la main dessus. Maintenant, si tu me dis exactement où il est, j'irai le chercher et je t'en donnerai la moitié.

J'ai songé à solliciter Sherlock Holmes pour l'aider, mais j'ai décidé de ne pas ruiner ses rêves de richesse.

Même à La Nouvelle-Orléans, la traque des Dalton avait fait son chemin. Ici et là, les conversations sur le sujet allaient bon train. Nous croisions souvent des « amis » qui parlaient de la dernière fois qu'ils nous avaient vus, ce qui nous donnait l'occasion d'apprendre de nouvelles anecdotes inédites concernant notre vie privée, comme l'histoire de ma dispute avec le petit teigneux du Sud qui aurait eu lieu quelques années avant ma naissance. Mais ce qui nous divertissait le plus, c'était ce que racontaient les journaux sur la façon dont les patrouilles nous auraient encerclés près de Tulsa, dans l'Oklahoma, ou ailleurs.

De fait, tout cela nous rassurait car nous avions ainsi la certitude qu'aucun d'entre nous n'avait laissé filtrer d'informations sur notre départ, et il était donc improbable que les bateaux fussent surveillés. Nous nous rendîmes au bureau de la Compagnie des bateaux à vapeur et, au moment de payer les billets, je m'aperçus que j'avais oublié à l'hôtel la ceinture où se trouvait notre argent. Nous y retournâmes rapidement. Arrivés devant la porte, j'achetai le journal à un gamin qui en vendait, et suivis Bob dans la chambre. La ceinture était là où je l'avais laissée. Comme Bob ne cessait de me sermonner pour ma négligence, je changeai de sujet et lui passai le journal.

– Regarde, et dis-moi où l'on en est aujourd'hui ! ironisai-je.

Alors, il me montra cet article dont le titre est resté gravé dans ma mémoire :

« LE BANDIT GRAT DALTON CONDAMNÉ »

Nous nous y attendions. Considérant les efforts extraordinaires déployés par l'Express Company pour faire jeter Grat en prison, cela devait arriver tôt ou tard.

Ce soir-là, assis dans le hall de l'hôtel, nous entendîmes quelques clients commenter les sommes d'argent qu'émettait la Banque de La Nouvelle-Orléans et, comme toujours, dans ce type de discussion, cela se chiffrait vite en millions.

Bob était assis, semblant lire les journaux, mais je remarquai qu'il ne perdait rien de tout ce qui se disait. Cette nuit-là, dans notre chambre, il me dit :

– Penses-tu que nous serions capables de dévaliser cette banque sans nous faire prendre ?

Le lendemain matin, après le petit déjeuner, je suggérai à Bob d'aller repérer la banque. Nous prîmes un tramway. À l'entrée, un vieil homme à l'air aimable demanda si nous désirions entrer, ce à quoi j'acquiesçai. Il nous invita à gagner l'intérieur, s'arrêta devant un pupitre et dit : « Veuillez signer ici, s'il vous plaît. » Je reculai lentement, d'un pas ou deux, et proposai à Bob : « Je vous en prie, monsieur Williams. » Je ne sais comment ce nom m'est si rapidement venu à l'esprit, mais Bob s'avança pour signer le registre, prit la plume, et inscrivit George Williams. Je le fis à mon tour, mais j'ai oublié le nom que je notai alors.

Puis, le vieil homme commença la visite. Partout des lingots étaient entreposés et, à la fin de la visite, il nous fit pénétrer dans une pièce où il nous informa, l'air satisfait, qu'ils étaient en train de préparer l'expédition d'un ordre pour huit mille dollars en pièces de dix cents vers une sous-trésorerie. Après avoir offert un cigare à notre guide, nous lui serrâmes la main et retournâmes en ville. Sur le chemin du retour, Bob remarqua :

– Ç'aurait fait un sacré paquet, mais je n'ai pas vu le moindre billet de banque.

Ainsi s'achevèrent nos perspectives délictueuses concernant la Banque de La Nouvelle-Orléans.

Quelques jours après, un télégramme nous informa que Grat avait été condamné et écroué, reconnu complice de l'attaque du train d'Alila, en Californie, et que Bill notre frère avait été acquitté en audience préliminaire.

– Bon, je crois qu'on doit y retourner, dit Bob énervé. Tant pis pour l'Amérique du Sud. C'est fichu.

– D'ailleurs il fait peut-être trop chaud là-bas, dis-je.

– Ce qui est sûr, c'est qu'ici aux États-Unis, pour certains, il va faire aussi chaud qu'en enfer. Fais tes bagages, on rentre ce soir. Il semblerait qu'on ne veuille pas nous laisser prendre un nouveau départ.

Tous nos projets de changement, notre nouveau départ, une vie d'éleveurs riches et respectés, s'évanouirent instantanément. Une fois de plus, le voile opaque de la vengeance nous aveuglait.

12

Le destin s'en mêle

J'endossai à nouveau mes vêtements de fermier que j'avais troqués pour des vêtements d'homme d'affaires lors de notre séjour à La Nouvelle-Orléans. Nos bagages étaient prêts, nous les avions préparés pour l'Amérique du Sud, mais ils devaient prendre une tout autre destination. Le lendemain, j'achetai le journal dans la rue, et celui-ci contenait de nouvelles informations. On pouvait y lire que Grat s'était évadé de prison, la nuit même de son arrivée, et qu'il avait entraîné d'autres prisonniers dans sa fuite. Tous s'étaient évanouis dans la nature.

– Dieu soit loué ! jubila Bob. On y retourne, on retrouve Grat, et cette fois-ci l'Express Company va s'en souvenir ! Ensuite, on se retire définitivement en prenant Grat avec nous. On rentre à la maison.

Ce « on rentre à la maison » me laissa une impression étrange. Depuis notre premier écart, nous nous étions tenus à distance de chez nous, à Kingfisher, et nous n'y étions retournés que quatre ou cinq fois. Nous savions que les marshals devaient nous y attendre, aussi en évitions-nous les abords. Nous apprenions les nouvelles par les journaux ou par les bribes que les gens nous en rapportaient.

Nous restâmes à couvert pendant quelques jours, dans une chambre, pour finalement quitter la ville et rentrer dans l'Oklahoma. Cette fois, nous pûmes rentrer sans embûches et reprendre la route à cheval. Nous avions soigneusement étudié notre itinéraire de retour. La nuit de notre arrivée chez nous, à Kingfisher, la porte d'entrée était grande ouverte et, dans la lumière de la lampe, je pus apercevoir ma mère qui traversait la salle et apportait le dîner.

Je me tenais devant Bob, et lorsque mon ombre s'avança sur le perron, ma mère se retourna. Un seul mot suffit, elle ouvrit ses bras et je m'y blottis.

« Mes garçons ! » fut tout ce qu'elle dit, mais sa voix, à elle seule, trahissait les jours et les nuits de souffrance, les tortures endurées, sachant ses enfants, dehors, aux prises avec la loi.

Puis, ce fut le tour de Bob. Aucun reproche, aucun blâme, cela n'était pas nécessaire. Le plus éloquent des sermons n'aurait pu traduire la moitié de ce que contenaient ces deux mots prononcés par notre mère.

« Vous êtes revenus ? » fut sa première question. Celle-ci fut suivie d'une cascade de questions de notre part : Où était Grat ? Et les marshals, où étaient-ils ? Est-ce que quelqu'un était venu à notre recherche ? Et d'autres questions de même nature.

Oui, les marshals étaient venus récemment. Ils pensaient que nous n'avions pas quitté le pays et se concentraient sur Grat, tout autant que sur nous. Bob et moi eûmes une sérieuse conversation. Nous resterions aux alentours, prendrions contact avec quelques anciens du gang, ainsi qu'avec Grat, essaierions ensuite un ou deux coups qui nous permettraient, en cas de réussite, de quitter le pays pour de bon.

– Alors, au revoir, maman, dit Bob, une fois qu'il eut fini de souper. Dis à Grat qu'il peut nous trouver à environ soixante miles vers le sud, chez Jim Riley. Dis-lui de nous rejoindre. Au revoir, maman.

Un baiser rapide, et nous étions partis. Nous n'avions jamais été une famille très démonstrative, et les larmes qui coulaient des yeux de notre mère m'en dirent long sur son cœur brisé.

– J'aimerais tant vous garder à la maison, et que vous soyez bons, m'a-t-elle glissé à l'oreille, lorsque je l'embrassai avec toute l'affection d'un fils. Le ferez-vous ?

– Maman, tout va bientôt rentrer dans l'ordre, lui dis-je.

En partant, nous nous retournâmes pour la saluer. Notre petite mère se tenait sur le perron, en nous faisant signe, bien que je doute qu'elle pût voir quoi que ce soit à travers le rideau de larmes et de pluie, dans le faible éclairage de l'orage naissant.

Ce fut la dernière vision qu'elle eut de Bob vivant, ce fut aussi la dernière fois qu'elle me vit avant de venir à mon chevet, dans ma cellule, alors que je luttais contre la mort qui se montrait d'une cruelle avidité. Si nous étions des combattants, c'est que nous étions issus d'une lignée de guerriers. Jamais il n'y eut de mère plus courageuse, énergique, loyale et vraie que cette petite femme aux cheveux blancs, qui vit toujours à Kingfisher, fière de savoir que l'ultime tort a été réparé.

En revenant du Sud, Bob s'arrêta à Wagoner où il ne vit Miss Moore que quelques minutes au cours desquelles il lui fit part de ses intentions. Ce à quoi elle répondit :

– Je verrai ce que je peux faire pour obtenir des informations sur les transferts d'argent sur cette route ; je vous retrouve à Woodward la semaine prochaine.

Miss Moore était une alliée de grande valeur. C'était une jeune femme qui possédait une grande intuition ainsi qu'une grande présence d'esprit. C'était un membre loyal de notre bande. Effectuant fréquemment le trajet, en chemin de fer, de Parsons, Kansas, jusqu'à Denison, Texas, elle se tenait constamment à l'affût afin d'obtenir des bribes d'informations qui pourraient nous être utiles. Comme elle était opératrice du télégraphe, elle interceptait régulièrement des messages concernant d'éventuels transferts de fonds.

Elle avait reçu une excellente éducation et, se faisant passer pour une journaliste qui travaillait sur la région de l'Oklahoma, elle s'entretenait fréquemment avec des officiels qui lui confiaient toutes sortes d'histoires sur les Dalton et sur les moyens dont on disposait pour les arrêter. Enfin, Miss Moore apprit qu'une importante somme d'argent devait être transférée par la Katy Road en septembre. Elle était alors à Wagoner, tandis que nous campions au ranch de Riley, à deux cent cinquante miles de là. Cette courageuse petite femme sella le cheval que lui avait offert Bob, et s'engagea dans une course hasardeuse à travers le pays, dans le seul but de nous rapporter l'information. Enfin, après avoir chevauché de nuit dans une région infestée d'Indiens et de hors-la-loi, elle finit par nous rejoindre.

13

L'attaque du train à Lelietta

Comme d'habitude, nous restions le plus possible à couvert. Quelquefois, l'un d'entre nous allait chercher des provisions, ou allait aux nouvelles, mais les jours se suivaient et la monotonie commençait à nous décourager. Nous attendions tous un peu d'action et, rétrospectivement, je pense que ce fut la première fois que nous envisageâmes de commettre un délit en ressentant quelque chose qui s'apparente à du désir.

Il y avait plus d'excitation dans la préparation que dans l'action finale. Après avoir soigneusement étudié le terrain, Bob avait choisi Lelietta sur la ligne du Missouri-Kansas-Texas, à quatre miles au nord de Wagoner. Encore une fois, Bob était le chef. Avec lui il y avait George Newcomb, Charles Pierce, Bill Doolin, Dick Broadwell et Bill Powers. Bob avait choisi Bill Doolin pour lui prêter main-forte dans l'assaut de la locomotive. Doolin n'avait aucune éducation mais son courage était incontestable. Tout ce qu'il savait, c'était se battre. C'était le genre d'homme dont Bob avait besoin mais qui devait être strictement encadré, sans quoi son mauvais caractère risquait, à n'importe quel moment, d'être lourd de conséquences pour tous.

Comme d'habitude, ils attendirent le train à la gare. Quand le train s'arrêta, les gars sortirent de leur cachette et prirent position près de la locomotive tout en restant tapis dans l'ombre. Quand elle démarra, ils la prirent d'assaut. Les revolvers pointés sur le personnel furent plus éloquents que les mots.

Bob me raconta qu'il avait suffi que sa tête apparût à la fenêtre de la cabine pour que le chauffeur se mette aussitôt à crier : « Les Dalton ! »

C'était toujours comme ça. On accusait systématiquement les Dalton avant même de savoir s'il s'agissait d'eux ou non. Ce chauffeur ne les avait jamais vus et, les eût-il personnellement connus, il n'aurait pas eu le temps de reconnaître Bob. Mais si c'était une attaque, c'était un coup des Dalton. Cette fois-ci, en l'occurrence, il avait raison.

Il y eut une courte hésitation avant que le convoyeur n'ouvre la porte. Ce fut seulement lorsque Powers tira une ou deux fois qu'il se décida à l'ouvrir plutôt que de risquer la dynamite, ce qui était un coup de bluff. Mais après ce bref contretemps, le travail fut rapide et

Doolin sortit de la voiture de l'Express avec un sac à moitié plein d'argent qui, à leur grand dépit, ne contenait que des pièces. Bob ironisa en disant qu'ils en avaient assez pour prendre leur retraite. Quelques-uns des plus courageux parmi les passagers s'étaient rassemblés près du wagon à bagages et avaient commencé à tirer.

– Regardez comment on les chasse, ils me fatiguent, grogna Bill Powers.

– Reste où on t'a dit, ordonna Bob.

Mais Powers, qui voyait là une occasion de se distraire un peu, n'entendait pas renoncer. Éperonnant son cheval, le cabrant en un furieux demi-tour, il fondit droit sur le train en tirant. Bob raconta :

« Je me souviens de l'attitude particulièrement ridicule d'un type, un gros bonhomme, éclairé par les lumières de la gare.

Quand Powers se mit à galoper vers le train, en tirant et en hurlant, ce passager fut pris de panique. Il jeta son revolver de calibre 22, qu'il pointait sur nous et courut grimper dans le premier wagon venu. L'employé noir des wagons-lits eut la même idée au même moment. Ils voulurent monter les marches en même temps. Il n'y avait pas assez de place pour les deux et le plus gros tomba en arrière. C'est alors que le train démarra et qu'on put le voir ramper à quatre pattes en direction du wagon, comme s'il essayait de faire la course avec le train. Il se releva enfin et réussit à grimper à bord du dernier wagon qui passait. Quand le train fut avalé par la nuit, il brandissait toujours son poing vers nous, furieusement. Je serais curieux d'entendre sa version de l'attaque et du rôle qu'il y a joué. »

L'attaque avait rapporté environ neuf mille quatre cents dollars, tout cela en pièces de un dollar et de un demi-dollar. De retour chez Riley, Bob me demanda :

– Combien avons-nous en tout ?

Je comptai l'argent que j'avais et calculai quelque chose comme sept mille dollars.

– Donc, on a assez, dit Bob tranquillement.

– Assez ? Mais, bon Dieu, qu'est-ce qui te prend ? interrompit Powers. Moi, j'ai même pas encore commencé.

– Je me fiche de savoir si tu as commencé ou non, répondit Bob. On ne peut pas continuer comme ça indéfiniment, s'en sortir à chaque fois, à un moment ou à un autre on tombera.

– Oh et merde ! explosa Broadwell. Mais c'est idiot ! Cette bande de lâches n'a même pas assez de courage pour se battre.

– Eh bien, pensez ce que vous voulez, ça ne change rien. Je dis que pour moi c'est bien assez, trancha Bob fermement.

Bob se tourna vers moi et je pus y lire de l'affection.

– Je me fiche pas mal de tous ces deputies lancés à mes trousses. Ils ne m'auront jamais vivant ni enfermé derrière les barreaux et je n'abandonnerai pas non plus Emmett tant que je serai en vie. Prenez ça comme vous voulez. Ça suffit. Vous avez eu votre part, les gars. Je vous y ai aidé. Faites-en ce que bon vous semble, tricher, jouer, flamber, mais souvenez-vous bien qu'à partir de maintenant c'est terminé. C'est ici que nous sommes quittes.

La conversation se poursuivit ainsi pendant plusieurs heures. Puis, remontant en selle, nous quittâmes tous Woodward. Les autres voulurent continuer. Ensuite, ils demandèrent à Bob ce qu'il comptait faire. Il ne fit que répéter ses premières conclusions mais fut muet quant à ses projets. Je m'en étonnais tandis que je chevauchais en silence. À la tombée du jour, nous approchâmes d'un ranch.

– Au revoir, les gars, je vous ferai signe plus tard. Bonne chance ! lança-t-il à la cantonade en faisant obliquer son cheval dans la direction opposée.

– Viens Emmett ! et, peu à peu, nous fûmes hors de vue. Nous chevauchâmes, laissant derrière nous les autres qui nous scrutaient.

Ce n'est qu'à ce moment-là que Bob consentit à me parler de ses projets.

14

Nous décidons d'arrêter

– Maintenant, terminé, dit Bob. Ça suffit, on ne peut pas continuer comme ça indéfiniment.

Je crois qu'on a suffisamment fait payer l'Express Company. Je pense aussi que Grat s'en sortira. Il doit y avoir une justice en ce bas monde et sans doute aurions-nous dû nous battre pour l'obtenir. Mais on ne l'a pas fait et maintenant on en est là. À présent, direction le Sud, ensuite on filera directement en Amérique du Sud. Là-bas, on pourra avoir un ranch et élever du bétail. On a assez d'argent pour y être à l'abri. Là-bas, personne ne nous poursuivra pour ce que nous avons fait, ni nous punira pour ce que nous n'avons pas fait. Qu'en dis-tu, est-ce que tu en es ?

– Laisse-moi réfléchir, Bob, hésitai-je.

– C'est tout vu, répondit-il promptement, on a fait le tour de la question. Allez, viens.

Je compris instantanément son point de vue.

À l'exception d'une ou de deux occasions, c'était la première fois que je prenais le temps de considérer le péril que nous encourions et je réalisais que nous ne pourrions pas gagner à tous les coups. Ce fut dans la pénombre de la petite chambre d'un ranch californien que naquit le gang des Dalton, ce fut dans l'obscurité des plaines qu'il répondit à la persécution et que Bob et moi nous serrâmes solennellement la main pensant sincèrement que le gang appartenait au passé.

Mais c'était sans compter sur des éléments que nous ne pouvions pas contrôler. Nous avions oublié la puissance rapace d'une corporation telle que l'Express Company. Un instant, nous avions occulté les liens du sang qui nous unissaient à celui qui avait été emprisonné en Californie.

Nous avions sous-estimé le fait que la justice puisse être aveugle au point de se saisir d'un innocent et de le condamner sans raison aucune. Ces choses sont bien tristes à considérer. Nous choisîmes notre camp.

Nous avions affronté le danger, tout d'abord en nous plaçant du côté de la loi, pour ensuite la transgresser. Il nous était dorénavant plus profitable d'être les ennemis de la loi plutôt que ses partisans.

Mais, à ce moment-là, notre idée était que le gang des Dalton avait vécu. Donc nous prîmes la route. Arrivés près de Woodward, nous établîmes notre campement tout près de la ville, et y restâmes toute la journée. Cette nuit-là, Bob alla en ville voir Miss Moore. Elle le mit très rapidement au courant de la situation de Grat en Californie et de son besoin d'argent. Bob lui en donna, lui demanda de le remettre à Grat et de revenir dans les trente jours, ce qu'elle fit. Puis Bob décida de retarder notre départ pour l'Amérique du Sud.

Je me souviens qu'un jour nous marchions à travers les Osage Hills. Nous nous sommes arrêtés devant un canyon très raide où il y avait des rochers saillants et une source cristalline. Cet endroit avait été improprement baptisé par les conteurs locaux : « la caverne des Dalton ».

Je suppose que c'était parce qu'un homme pouvait s'enfoncer de quinze ou vingt pieds entre les rochers.

Vers trois heures de l'après-midi, Bob, assis sur un rocher, leva les yeux et vit six hommes à cheval et un autre à pied, penché comme s'il suivait une piste. À l'aide de ses jumelles, il compta cinq fermiers à cheval, un Noir monté sur une mule blanche avec son licol et un pisteur Indien. Ils étaient armés de fusils, de carabines et de petits pistolets. Après les avoir observés un moment, il en déduisit qu'ils changeaient de direction, ce qui nous rassura. Mais, environ une heure plus tard, nous entendîmes un terrible vacarme. Des coups de feu retentirent tout autour de nous, des petites branches tombaient des arbres et nous entendîmes soudain une voix crier :

– Sortez de là, vous êtes cernés !

Ils avaient rampé jusqu'à être environ à cent yards de notre position et, de là, avaient ouvert le feu, sans sommation. Nous nous mîmes à l'abri derrière les rochers et répliquâmes jusqu'à ce qu'ils se retirent, l'un des leurs étant blessé. Nous contournâmes les rochers et nous les vîmes tous détaler, le Noir en tête, sur la mule blanche, suivi de près par l'Indien. Ils cherchaient des voleurs de bétail et s'étaient, à l'évidence, trompés de piste.

15

Les mésaventures de Grat en Californie

Après avoir échoué dans sa tentative de prendre Bob et McElhanie, le détective Smith arrêta Bill pour les avoir aidé à s'enfuir. Bill avait, pour sa défense et celle de Grat, embauché W.C. Brackenridge de Merced. À l'audience préliminaire, Bill fut libéré.

Six mois plus tard, Grat fut traduit devant un juge qui était passé du poste de juge de paix à celui de juge de district. Bill avait donné à Brackenridge mille dollars pour assurer la défense de Grat. Le procès de Grat – s'il est permis d'appeler « procès » ce simulacre de justice –, fut, de toute évidence, la farce la plus sinistre jamais jouée à un innocent.

Grat apprit plus tard que Brackenridge avait été l'avocat local de la compagnie des chemins de fer Southern Pacific pendant de nombreuses années, et il est évident que les compagnies

Grat Dalton âgé de 24 ans.

de chemin de fer n'engagent pas de mauvais avocats. Mais, tout au long du procès, Brackenridge resta assis, n'interrogea jamais un témoin de l'accusation pour un contre-interrogatoire et, à chaque fois que Grat le lui demandait, il se contentait de lui répondre :

– Patience, ils sont en train de nous donner ce que nous désirons. Lorsqu'ils auront terminé, nous nierons tout en bloc et la cour sera bien obligée d'abonder dans notre sens.

Grat, au vu du déroulement du procès, s'arrangea avec quelques prisonniers et leurs amis à l'extérieur afin qu'ils lui fassent parvenir du matériel pour scier les barreaux de sa cellule.

Brackenridge, se doutant qu'il ne pouvait maintenir Grat en prison, vint le voir un jour et lui dit :

– Écoutez, Grat, si vous avez quoi que ce soit qui vous permette de vous évader, il serait préférable de me le confier, et si jamais ils vous condamnent, je vous le rendrai après le procès.

Mais Grat n'était pas aussi naïf que le pensait Brackenridge. Il lui répondit poliment qu'il ne possédait rien et, le cas échéant, qu'il ne saurait pas comment s'en servir.

Aussi mal défendu qu'ait pu l'être Grat par son avocat, des paris avaient cependant été lancés par ceux qui avaient entendu les témoins de la défense et, à cinq contre un, les paris allaient dans le sens de son acquittement.

Or, le juge rejeta systématiquement tous les arguments présentés par l'avocat et insinua, à maintes reprises, à l'attention du jury, que la culpabilité de Grat n'était plus à démontrer. Le jury, entièrement composé d'amis du juge, délibéra deux ou trois jours, puis vers quatre heures de l'après-midi, présenta son verdict : coupable.

Le shérif ramena Grat en prison. Le roué détective Smith vint le voir et lui dit à travers les barreaux :

– Je t'avais prévenu, je t'avais dit que je t'aurais.

Grat répliqua :

– C'est juste, mais ça ne te servira à rien. Tu verras plus tard.

Pendant ce temps, mon frère Bill, sachant ce qui se tramait, cacha une Winchester ainsi qu'une centaine de cartouches dans les hautes herbes près de la prison. Vers neuf heures, cette nuit-là, les prisonniers attendaient impatiemment ce qu'allait faire Grat. Il leur demanda de se déchausser, puis se dirigea vers les barreaux qu'il avait sciés et enduits de savon et de graisse de lampe afin de dissimuler son travail, et les retira. Il passa le premier et les fit sortir l'un après l'autre. Il traversa lentement la rue jusqu'à l'endroit où Bill avait signalé la Winchester. Il s'en saisit, vit qu'elle était déjà chargée, et mit le reste des munitions dans sa poche. Comme il me l'avoua ensuite, ce fut à ce moment-là qu'il aurait aimé avoir en face de lui le détective Smith.

Tous les quatre allèrent ensuite jusqu'à une petite église près de laquelle ils s'emparèrent d'un grand attelage gris et prirent la direction de Kings River, vers l'ouest, à quinze miles.

À quatre miles de Visalia, dans une petite ville appelée Goshen, ils prirent un train de marchandises tandis que Grat poursuivait sa route pendant dix miles jusqu'au ranch d'un ami, un certain Middleton.

Arrivé là-bas, il laissa l'attelage à Middleton qui l'amena à Tulare, à dix miles au sud de Visalia, où il l'attacha à un râtelier sur la ligne principale de la Southern Pacific.

Le lendemain matin, l'évasion fut découverte. L'attelage n'était plus là et, vers midi, le lendemain, il fut retrouvé à Tulare. Le brillant détective Smith supposant finement que les évadés étaient allés prendre le train à Tulare, satura presque la ligne télégraphique. Middleton revint de l'endroit où il avait conduit l'attelage et, quelques jours plus tard, accompagna Grat dans la Sierra Nevada à dix miles à l'est de Sanger. Ils y établirent leur campement, décidés à attendre l'occasion qui permettrait à Grat de quitter la région. Comme aucune menace ne pesait sur Middleton, il accepta de jouer le rôle de messager pour Grat. La compagnie Railroad Express et le comté de Tulare offraient une grosse récompense pour la capture de Grat.

Un jour qu'il allait à Sanger pour se réapprovisionner en nourriture et en cartouches, Middleton écrivit au shérif de Tulare pour lui proposer une rencontre, quatre jours plus tard, au cours de laquelle il lui révélerait où se cachait Grat.

Pendant ce temps, un grand lévrier abandonné était arrivé au campement et suivait Grat partout où il allait. Le jour du rendez-vous, Middleton prétexta l'achat de tabac pour se rendre à Sanger. Grat, qui était devenu méfiant vis-à-vis de Middleton, ne quittait jamais sa Winchester. De fait, il avait l'habitude, comme c'était l'usage lors des expéditions, de dormir tout habillé, son arme à portée de main.

Vers quatre heures cet après-midi-là, Grat était assis devant sa petite tente, sa Winchester posée sur les cuisses, le lévrier couché à ses pieds. De temps en temps, l'animal regardait Grat, gémissait, puis regardait les broussailles en grognant.

Grat n'imaginait pas que l'on puisse s'approcher sans qu'il l'entende. Il ne prêta donc pas attention au chien. Toutefois, il finit par se lever, s'approcher du ravin, et dit au chien :

– Attrape-le !

Alors que le chien aboyait, bondissait autour des broussailles, surgirent les têtes de six hommes de derrière les arbres. Faisant feu sur la tente, ils crièrent :

– Les mains en l'air !

Ils continuèrent à tirer mais n'atteignirent pas Grat.

Immédiatement, celui-ci riposta et fit feu à trois ou quatre reprises sur celui qui se tenait derrière le premier arbre, et courut se mettre à l'abri derrière le talus. Ne pouvant atteindre son cheval, Grat courut vers une petite colline au bas de laquelle labourait un fermier. À trois cents yards de distance, juste comme il atteignait son but, Grat vit six hommes, shérifs et adjoints, dans une voiture qui tirait son cheval. À nouveau, il arma sa Winchester et ouvrit le feu, brisant quelques rayons des roues de leur voiture.

Les héroïques shérifs, fouettant de plus belle leurs chevaux, disparurent dans la nature sans que Grat les revît jamais.

En laissant un chien étrange intervenir pour sauver un homme de la prison, et peut-être de la mort, le destin se montrait noble et joueur.

C'est ainsi que furent anéanties les ambitions du traître Middleton : une grasse récompense ainsi qu'une bonne situation dans l'Express Company. Il devrait toujours en être ainsi avec les traîtres.

Sur le chemin, Grat s'empara du meilleur des chevaux du fermier qu'il avait aperçu — cheval qu'il rendit plus tard — et prit la direction du ranch du juge Gray à quinze miles de Merced. Le juge Gray, riche éleveur, était un vieil ami et se trouvait être le beau-frère de W.C. Brackenridge, l'avocat de Grat. Grat y séjourna près de deux semaines dans une chambre isolée, nourri quotidiennement par le cuisinier chinois qui lui devint très attaché.

Un jour que Grat lui dit :

– John, si des étrangers viennent marauder par ici sur mes traces, dis-leur que tu ne comprends pas l'anglais.

Le cuisinier lui répondit :

– Je comprendre, vous faire pareil toujours.

Le juge Gray se rendait régulièrement en ville pour prendre des nouvelles de Grat. Finalement, le jour où Grat décida de quitter le ranch, Gray revint de la ville et lui dit qu'il venait de recevoir un courrier lui annonçant que Brackenridge était parti pour San Francisco, où il avait tellement bu qu'il en était mort.

On disait également qu'il avait reçu cinq mille dollars pour faire condamner Grat. Quoi qu'il en soit, c'était comme si un ange justicier était venu aider un innocent à prendre la fuite et punir ceux qui avaient contribué à son infortune.

Alors, Grat décida de revenir dans l'Oklahoma pour nous y rejoindre. La nuit qui le vit quitter le ranch du juge Gray, celui-ci lui offrit son meilleur cheval et l'assura que sa porte lui serait toujours ouverte s'il lui en fallait un autre.

Laissant son lévrier aux soins de Gray, Grat se mit en route, et parcourut la distance qui relie Merced en Californie à Kingfisher dans l'Oklahoma en cent quatre jours. Une course prodigieuse au cours de laquelle il obtint de son cheval des trésors d'endurance. Parti du ranch Gray, il chevaucha le long des collines de Beckersfield, Californie, et se dirigea ensuite vers Los Angeles. Il traversa l'Arizona, le Nouveau-Mexique, Pan Handle, le Texas et nous rejoignit enfin dans l'Oklahoma.

Et là, dans le cimetière de Coffeyville, se trouve aujourd'hui un petit tertre, triste symbole de la cruauté et de l'impitoyable cupidité d'une corporation inhumaine et de ses laquais ; c'est la tombe de Grat Dalton.

Si, dans une autre vie, nous avons souvenir de celle-ci, je tiens à être là lorsque mon frère Grat rencontrera le détective Smith. Si cela a lieu au paradis, je crains qu'on ne les y garde pas longtemps.

16

Grat nous rejoint

Grat put nous rejoindre en avril 1892. Il était revenu du sud peu avant.

Le territoire Cheyenne venait juste d'être ouvert aux colons. Avec la colonisation arriva une horde de malfaiteurs, sauvages, sans foi ni loi, à côté desquels nous faisions figure de presbytériens paisibles et obéissants. Dans la région, les choses ne tardèrent pas à se gâter. Les fusillades et les meurtres devenaient quotidiens. Les attaques de train n'étaient pas rares mais nous n'avions rien à y voir.

Tout d'abord, nous attendions Grat, puis, lorsqu'il fut là, aucune opportunité intéressante ne se présenta. Cependant, personne, bien sûr, n'ignorait que nous étions de nouveau réunis, et notre lourd passif s'alourdit encore de plusieurs forfaits dont nous ne savions absolument rien et dont la responsabilité nous fut attribuée. Après que Grat nous eut rejoints, il laissa libre cours à l'amertume qui le rongeait, ce qui eut pour effet de réveiller notre haine envers l'Express Company, Smith, et tous ceux qui s'étaient prononcés contre nous dans cette affaire.

Puis, nous pensâmes être les jouets d'une machination. Si aujourd'hui, avec tout le recul qui nous sépare de cette époque, j'ai abandonné la théorie du complot, je sais néanmoins que nous fûmes les victimes d'une compagnie cupide et sans scrupules ainsi que de l'extraordinaire vanité d'un homme : Smith.

Envers ceux qui nous ont traqués jour après jour et ont planifié notre arrestation, je n'ai pas de grief particulier. En revanche, en ce qui concerne celui qui nous savait innocents, car il le savait, du premier crime pour lequel nous fûmes accusés, je garde une profonde rancœur, même après de longues années de méditation et de repentir.

Grat nous fit le récit de son procès et de son évasion. Pour l'essentiel, il s'agissait de faux témoignages bricolés par d'obscurs sous-fifres zélés, avides de reconnaissance, prêts à se vendre corps et âme à la Company en échange d'un peu d'or. Nous racontâmes brièvement nos propres aventures à notre frère. Il ne fut pas nécessaire de lui demander de se joindre à nous. Ensemble, nous étions les Dalton et nous resterions les Dalton quoi qu'il arrive. Et c'est ce que nous avons fait.

Avant l'arrivée de Grat, dès qu'il fut permis aux colons de s'installer en territoire cheyenne, Bob, Broadwell, Powers et moi avions pris des concessions sur la South Canadian River afin de les utiliser selon nos besoins et pour permettre également à James Riley d'y faire paître son bétail.

Finalement, en juillet, quelqu'un nous informa que l'occasion se présentait d'attaquer un train près de Red Rock dans le Cherokee Strip, non loin de notre ancien campement de Worthon où nous avions déjà fait nos preuves.

Le lendemain matin, Bob m'envoya à Woodward afin d'y rencontrer Miss Moore. Je devais lui confier de l'argent et lui demander de retourner à Silver City où elle attendrait des nouvelles de Bob. Il ajouta :

– Tu reviens ici et tu nous attends. On va voir ce qu'on peut faire sur la ligne de Santa Fe, à Red Rock.

Le plan restait le même mais, cette fois-ci, Grat était présent. Les gains ne furent pas aussi importants que nous l'avions espéré, environ sept mille huit cents dollars si je m'en souviens bien. Cela n'était pas suffisant pour garantir notre départ en Amérique du Sud. Tout le monde attendait impatiemment de faire un gros coup.

Quelques jours après l'attaque de Red Rock, alors que nous nous reposions au camp, Bill Powers et Bill Doolin partirent à la recherche de leurs chevaux qui s'étaient égarés. En amont du ruisseau, à environ un mile de distance du camp, ils rencontrèrent les marshals Swayne et Cook accompagnés de leurs deux adjoints. Powers reconnut immédiatement son cheval que montait le marshal Swayne. Aussitôt, lui et Doolin les mirent en respect avec leurs Winchesters et obligèrent Swayne à descendre de cheval. Ils s'emparèrent de leurs cartouches et les jetèrent dans le ruisseau. Puis ils leur ordonnèrent de quitter la région et de n'y plus revenir, ce qu'ils firent. Si nous avions voulu tuer des représentants de la loi, les occasions n'auraient pas manqué. Mais notre haine n'était pas dirigée contre eux ni contre la loi. Son unique objet était l'Express Company.

Un jour, alors que nous explorions les environs, en pays cheyenne, Grat, Broadwell et moi rencontrâmes un soldat à moitié ivre qui nous informa que sa mission consistait à refouler tous ceux qui devançaient l'ouverture du Territoire indien en s'y installant illégalement. Nous nous fîmes passer pour des deputies marshals. Il voulut voir nos mandats, ce à quoi nous répondîmes qu'ils étaient restés dans le bureau du marshal à Guthrie. Il ne sembla pas convaincu et nous demanda de le suivre jusqu'à son camp pour y voir son supérieur. Grat, qui commençait à s'impatienter, l'envoya au diable.

Notre soldat fit demi-tour et s'enfuit au galop. De notre côté, nous poursuivîmes notre route le long de la North Canadian River jusqu'au campement Cheyenne. Mais, au bout d'une heure, il revint avec cinq autres soldats. Broadwell, qui s'était lié avec beaucoup de Cheyennes, leur expliqua ce qui se passait et leur fit comprendre qu'il risquait d'y avoir de la bagarre. Les Indiens, qui n'éprouvaient guère de sympathie pour les soldats, prirent leurs armes et se proposèrent de nous aider.

Nous ne voulions pas causer de tort aux soldats dans la mesure où ils ne faisaient que leur travail et suivaient des instructions. Grat dit à Broadwell, qui parlait le cheyenne, de leur expliquer qu'ils ne devaient pas tirer avant qu'on ne le leur dise. Parvenus à trois cents yards de distance du campement indien, les soldats s'arrêtèrent. Alors, le caporal, qui était d'origine allemande, vint vers nous et commença à réciter dans un anglais approximatif quelque chose qui ressemblait à la Déclaration d'Indépendance, ce qui nous amusa beaucoup. À peine avait-il fini que Grat prit sa Winchester et lui dit :

– Maintenant voyons à quelle vitesse tu peux partir rejoindre tes camarades.

Le caporal fit demi-tour et partit au galop, en baragouinant qu'il reviendrait dans les vingt-quatre heures accompagné de l'armée des États-Unis au grand complet.

Juste à ce moment-là, Broadwell tira deux coups en l'air pour effrayer le caporal, mais cela fut interprété par les Indiens comme le signal attendu. Surgissant alors de leurs tipis, les

Indiens, dont quelques-uns étaient armés, firent feu en direction des soldats avant que Broadwell ne puisse les en empêcher. Fort heureusement, les soldats étaient déjà loin et aucun d'eux ne fut blessé, sauf peut-être par la surchauffe provoquée par la vitesse à laquelle ils avaient détalé.

Les Indiens levèrent le camp et partirent. Nous prîmes nos chevaux et regagnâmes nos quartiers situés du côté de la North Canadian River.

17

La déroute des marshals

Une fois de plus, nos réseaux clandestins fonctionnèrent efficacement puisque l'un des hommes les plus riches du Territoire nous apprit qu'un grand transfert de fonds était prévu sur la Katy Line. Les gars décidèrent d'attaquer le train à Adair, dans le Territoire indien. Mais, sur ce coup, ils se demandèrent si leurs amis supposés n'étaient pas en train de les manipuler.

Ils partirent et, comme à leur habitude, s'arrêtèrent à une courte distance d'Adair. Charles Pierce prit les chevaux et Grat, Bob, Broadwell, Powers, Newcomb et Doolin allèrent à pied jusqu'à la ville afin d'attendre l'arrivée de l'express de dix heures dix. Quand il arriva, Bob et Doolin neutralisèrent le machiniste et le chauffeur, mais, alors qu'ils prenaient d'assaut la cabine de la locomotive, ils réalisèrent rapidement que quelque chose clochait.

Des tirs provenant du train se firent entendre tandis que le machiniste et le chauffeur résistaient. Puis les balles commencèrent à siffler de tous les côtés. Un instant, nos gars furent stupéfaits et presque décontenancés. Ils n'avaient pas l'habitude d'affronter ce type de résistance.

Voici ce qui s'était produit :

Quelqu'un, nous n'avons jamais su qui c'était, avait averti la Company qu'il y aurait une attaque, ce qui eut pour effet la constitution d'une patrouille dirigée par le détective L.L. Kinney, le marshal des États-Unis Sid Johnson et le chef de la police indienne Charley La Flore ainsi que onze autres deputies qui étaient dans ce train prêts à intervenir.

On nous a rapporté que lorsque le train quitta Dennison certains de ces deputies arpentèrent les wagons en fanfaronnant, claironnant à qui voulait l'entendre ce qu'ils feraient si les Dalton osaient se montrer. À les entendre, on les aurait pris pour les plus courageux du pays. Mais dès l'instant où les coups de feu retentirent, ce fut une autre histoire.

Les seuls qui montrèrent un peu de courage furent La Flore, le marshal Sid Johnson et L.L. Kinney. Tous trois tinrent leur position jusqu'à être gravement blessés et furent contraints de se retirer. Les autres sautèrent du train et, lorsque Bob et les autres les prirent sous leur feu, ils se précipitèrent pêle-mêle dans les wagons ou prirent la fuite vers la ville.

L'un des passagers raconta plus tard que parmi ces courageux deputies certains d'entre eux allèrent jusqu'à sortir leur revolver mais pour les cacher sous leur siège. Pendant l'échange de tirs, deux innocents furent touchés. Deux médecins qui se trouvaient dans une pharmacie en face de la gare. Le premier, Dr Goss, fut blessé à la jambe. Ce qui initialement semblait bénin s'aggrava peu de temps après, causant sa mort. Le second, le Dr New House, se rétablit. Kinney, La Flore et Johnson, les seuls à s'être réellement battus, furent bientôt remis sur pied.

Cette ultime attaque de train fut en réalité la seule où ils rencontrèrent un début de résistance. Mais, même au plus fort de l'action, Bob et Broadwell firent ce qu'ils avaient à faire. Ils forcèrent la porte du wagon Express et firent main basse sur l'argent. Cela faisait environ neuf mille dollars.

C'est alors que Bob eut la surprise d'apercevoir deux grands pieds dépasser d'une malle adossée au grand coffre-fort.

Il y avait quelqu'un d'autre dans le wagon, quelqu'un qui aurait pu l'abattre à n'importe quel moment alors qu'il surveillait William, le convoyeur de l'autre coffre-fort. Bob frissonna à la pensée qu'il l'avait échappé belle, mais se reprenant bien vite et, tout en écrasant fermement ces pieds pour bien se faire comprendre, il ordonna d'une voix ferme :

– Allez, sors de là !

Alors, me raconta Bob plus tard, l'un des hommes les plus grands qui lui fut jamais donné de voir se déplia de derrière la malle. Bob était lui-même plutôt grand, plus de six pieds, mais cet homme le dépassait de plusieurs têtes.

– Bon sang, qu'est-ce que vous foutez là ! demanda Bob.

– Eh bien, c'est que… je suis un invité de M. Williams et je me balade, bégaya-t-il terrorisé.

Il portait un six-coups à la ceinture mais ne fit pas un seul mouvement pour s'en servir. Bob s'en saisit, le jeta par la porte et fit ensuite la même chose avec le revolver et la Winchester de William.

– Bon, eh bien salut ! cria Bob en sautant à terre.

Pendant que Bob sautait, Doolin obligea le machiniste et le chauffeur à remonter dans la cabine et à redémarrer le train, ce qu'ils firent. Pendant ce temps, Pierce amenait les chevaux près du train pour que tout le monde fût en selle quand le train partirait. Lorsque les wagons les dépassèrent, ils purent distinguer les visages aux fenêtres. Un ou deux coups de feu, un salut de départ et ils décampèrent.

Plus tard nous apprîmes que le mystérieux passager du wagon de l'Express, celui qui avait causé une belle frayeur à Bob, était en réalité un vigile, un célèbre « dur » du Texas qui avait été engagé pour surveiller le wagon dans l'éventualité d'une urgence semblable.

Quand nous recomptâmes notre argent, il parut évident que notre voyage en Amérique du Sud était encore loin. Le nombre de marshals présents dans le train, bien qu'ils soient assez inoffensifs en l'occurrence, témoignait pourtant bien d'une nouvelle stratégie en matière de sécurité et de mise en garde de la part de l'Express Company. Cette attaque eut lieu la nuit du 14 juillet. Que nous nous en soyons sortis au mépris du dispositif mis en place rendit l'Express Company plus furieuse que jamais.

Singulièrement, à bien des égards, notre carrière fut unique, notamment sur le point suivant : bien que des récompenses, jusqu'à présent inégalées, fussent offertes pour notre capture, il n'y eut jamais un traître parmi nous. Même nos amis occasionnels se sont montrés fidèles, et les hommes qui nous aidèrent dans la clandestinité sont aujourd'hui mes amis.

Aucun membre du soi-disant « gang des Dalton » ne fut jamais capturé, exception faite de moi-même. Chacun d'entre nous mourut au combat et je ne fus pris qu'après avoir été littéralement mis en pièces et laissé pour mort.

Après l'attaque d'Adair, la Pacific Express Company offrit des récompenses de cinq mille dollars pour chacun d'entre nous ce qui faisait un total de quarante mille dollars. L'importance de la somme nous inquiétait. C'était assez en effet pour exciter la convoitise de nos collaborateurs occasionnels.

Jusque-là, nous ne nous étions pas sentis en danger lors de nos expéditions. Les patrouilles qui nous suivaient étaient rares et dispersées. Smith, le détective de l'Express Company, était le seul qui nous eût pris en chasse avec un tant soit peu de méthode. Et, honnêtement, on peut affirmer que nous étions plus désireux de le rencontrer que de l'éviter. La récompense de quarante mille dollars nous incita à redoubler de prudence. Une amitié qui résiste à l'attrait de l'or est bien plus précieuse que tout. Tant qu'ils savaient que nous ne nous en prendrions pas à eux, les fermiers et les éleveurs ne nous portèrent pas préjudice ; certains, même, sympathisaient en secret avec nous et, comme l'illustrèrent les événements, pas un d'entre eux ne nous trahit.

Quittant Adair, ils chevauchèrent en direction de l'est sur trois kilomètres pour se perdre, selon leur habitude, dans les prairies et les collines où il était impossible de suivre leurs traces. Ils continuèrent ainsi pendant deux semaines, sans but précis, lorsque se produisit le véritable événement qui fit de nous ce que l'on nomme — selon la terminologie des auteurs de fictions sanglantes — des « desperados ».

Un matin, notre ami James Riley vint au camp pour remettre à Bob un courrier qui lui était adressé. Bob me tendit la lettre en me disant :

– Jette un œil là-dessus.

Notre ami Canty de Silver City y annonçait le décès de Miss Moore. Je vois encore l'expression de Bob lorsqu'il tira de sa poche la photo de Miss Moore et la déchira en disant :

– Maintenant ils vont savoir ce qu'est l'enfer sur terre !

18

L'organisation du raid de Coffeyville

Bob demeura un jour ou deux singulièrement silencieux et taciturne. Je savais qu'il réfléchissait à un plan. Finalement, un après-midi, il déclara :

– Allez, en route pour Coffeyville.

– Pourquoi là-bas ? demandai-je. À quoi bon, nous sommes tous connus là-bas, en plus ils surveillent les trains de trop près.

– Qui parle de trains ? répliqua Bob. Je parle de banques.

– De banques ? demanda Grat. Quelle banque ?

– Pas une, mais deux banques, répondit Bob. Maintenant, écoutez-moi. Il est bien trop risqué de tenter une attaque de train en ce moment. Ils nous guettent. Jusqu'à présent, personne n'a été blessé, mais ça ne peut durer éternellement. On a tous envie de quitter le pays mais tant qu'on ne tente rien, on est coincés là. Alors ce que je dis c'est : allons à Coffeyville. On peut attaquer simultanément le C.M. de Condon et la First National Bank. Ça nous rapporterait assez pour nous permettre de partir. Et ça n'est pas plus dangereux qu'avec un train. On arrive, on attaque la banque, on s'en va et c'est tout. C'est simple, non ?

– Oui, mais quelqu'un pourrait être blessé et les gens de Coffeyville ne nous ont jamais rien fait, dis-je.

– Personne ne sera blessé, répliqua Bob. Quelqu'un a une meilleure idée ?

Je tâchai d'en trouver une, mais en vain. Je reconnus la force des arguments de Bob. Il était clair que j'en avais assez de ce jeu. D'autant que le petit congé de La Nouvelle-Orléans m'avait fait comprendre à quel point il était bon de relâcher un peu l'attention et la vigilance constantes qu'impliquait notre mode de vie.

Nous avions commencé sur la défensive, en raison des tentatives répétées de Smith pour nous jeter en prison, puis nous avions pris l'offensive contre l'Express Company. À présent nous étions à nouveau sur la défensive. J'avais envie d'en finir et de changer de vie. Mais changer de vie signifiait avoir de l'argent.

Nos gains avaient été importants mais à la mesure de nos dépenses. Il m'arrivait souvent d'entrer dans un magasin pour prendre quelques articles à trente ou quarante dollars et d'y laisser cent ou deux cents dollars. Nombre de commerçants vivaient très chichement et avaient besoin de cet argent. J'espère seulement que cela leur fut plus profitable qu'à l'Express Company.

Nous nous étions familiarisés inconsciemment avec la suggestion de Bob. Bientôt nous rejoignîmes les environs de Kingfisher où se trouvait notre mère. J'eus envie de la revoir. Mais, pour moi, aussi bien que pour Grat et Bob, la prudence l'emporta sur l'affection et nous continuâmes d'avancer dans la nuit, sans même passer lui dire un petit bonjour. Notre mère ne reverrait jamais ses deux garçons vivants.

Deux jours avant notre arrivée à Coffeyville, nous tombâmes sur le marshal Chapman à qui j'achetai le cheval que je montais lors de ma capture à Coffeyville. Ce même cheval qu'il réclama en racontant que je le lui avais pris, mais en omettant de parler des cent dollars que je lui avais donnés et qu'il avait probablement dans sa poche, et également du fait qu'il montait mon propre cheval. Il avait lui-même donné à Bob les cartouches utilisées dans le combat de Coffeyville. Il est extraordinaire de voir comment la mémoire fait défaut parfois.

À ce moment-là, nous nous préparions pour le raid de Coffeyville et nous étions rendus au ranch de Bill Hallsell à quelques miles de là-bas. Nous le contournions prudemment, étudiant l'éventualité d'y croiser une patrouille lorsque nous vîmes le deputy marshal Chapman qui sortait de la grange en compagnie de Bob Thornton, l'intendant du ranch. Après les avoir vus entrer dans la maison, et ne repérant personne, nous pénétrâmes dans la grange. Thornton sortit quelques instants plus tard. Il avait toujours été notre ami et ne fut pas surpris de nous voir. Après un bref salut, il nous dit que Chapman était seul dans la maison. Bob proposa :

– Demande-lui de venir bavarder un peu.

Thornton entra donc et dit à Chapman que les Dalton étaient dehors et qu'ils désiraient le voir. Il nous rapporta ensuite que Chapman s'était mis à trembler comme une feuille mais qu'il parvenait à sauver les apparences.

– Je suppose qu'ils exigent que je me présente sans arme, dit-il en jetant son six-coups sous le lit.

– Non, répondit Thornton, ils n'en ont rien dit. Garde ton équipement. Sors et parle-leur. Ils ne te feront aucun mal. Ils vont rester souper.

Chapman nous rejoignit dans la grange avec sa Winchester, du même calibre que celle de Bob.

– Salut, les gars, content de vous voir, dit-il.

Nous bavardâmes un petit moment, jusqu'à ce que Chapman déclare :

– Dites, les gars, je commence à être un peu fatigué de ce métier. Ça ne me rapporte pas grand-chose et en plus de ça on peut perdre sa place n'importe quand. Dites, je pourrais me joindre à vous. Oh, je ne dis pas voyager avec vous et tout ça, mais je pourrais faire les repérages. Je garderais mon boulot, de cette façon, si d'aventure je me retrouve à vous pourchasser, je pourrais envoyer les hommes sur de fausses pistes. Alors, qu'est-ce que vous en dites ?

Pour nous qui avions perdu un frère au service de la loi et qui avions nous-mêmes servi la nation, une telle idée de déloyauté, non envers les supérieurs mais envers la fonction, nous parut révoltante.

Nous maintenions cette loyauté au sein de notre groupe.

Alors Bob lança :

– Et après, c'est nous que tu trahirais ? Pas question.

Je m'interposai rapidement et calmai le jeu en informant poliment Chapman que nous quittions le pays quelques jours après et n'étions plus dans les affaires.

J'ajoutai que nous avions besoin de nouveaux chevaux. Le mien boitait légèrement, rien de sérieux, mais dans notre situation nous ne pouvions nous permettre de prendre le moindre risque.

– Pourquoi est-ce que vous ne prendriez pas le mien, les gars ? proposa aussitôt Chapman. Il est aussi bon que ceux des Indiens, prenez-le.

J'examinai le cheval, il faisait très bien l'affaire.

C'est ce même cheval qui devait me soutenir quelques jours plus tard alors que je traversais les moments les plus effroyables qu'un homme puisse imaginer, que je les endurais, en réchappais finalement vivant pour enfin les raconter.

– Je vous en donne cent dollars plus mon cheval, dis-je, et Chapman empocha les cent dollars avant même que j'aie eu le temps de terminer mon offre. Et, avant que nous partions, sans que personne ne le lui demande, il donna à Bob toutes ses cartouches de Winchester.

À Coffeyville je montais donc ce cheval ; j'appris plus tard que Chapman était allé voir le maire pour identifier l'animal comme étant le sien et avait fait une déposition selon laquelle je m'étais emparé de ce cheval.

Je ne sais pas où se trouve Chapman aujourd'hui, mais ceci est la véritable histoire de ce cheval.

Mais revenons à notre parcours. Nous chevauchions nuit et jour au gré de nos envies en attendant le moment approprié. Nous nous tenions à distance des lieux habités, nous arrêtant parfois chez des amis, ici et là, pour manger.

J'étais chargé du ravitaillement. J'étais moins connu que mes frères, et, par conséquent, moins susceptible d'être soupçonné. Nos besoins étaient modestes. Farine, bacon, sucre, café, sel, etc., étaient emballés et transportés sur un cheval de bât. La viande fraîche se trouvait aisément. Le tabac était une nécessité.

Dans les plaines, les collines et les montagnes, l'inquiétude liée à l'arrivée d'une patrouille n'était calmée que par une bonne cigarette ou le plaisir de fumer une pipe, ce qui s'avérait plus réconfortant que n'importe quoi d'autre.

Nos plans concernant l'attaque de Coffeyville étaient à présent terminés, mais nous avions négligé de penser à une façon de quitter le pays. Alors, nous nous réunîmes et décidâmes de donner à Amos Burton une somme lui permettant d'acheter un bon attelage. Il fut chargé de remplir la voiture de provisions et de munitions puis de la tenir prête en un lieu convenu dans le Cherokee Strip et de nous y attendre ; ce qu'il fit dans les moindres détails, ainsi que je l'appris plus tard.

Nous pensions être en mesure de semer n'importe quel poursuivant dans les Osage Hills après l'attaque, pour ensuite regagner notre attelage couvert avec selles, armes et chevaux. Deux d'entre nous devaient s'asseoir à l'avant, habillés en fermiers, et si on leur posait la question, ils prétendraient être des marchands de chevaux, tandis que les autres demeureraient cachés à l'intérieur.

Burton était un cow-boy typique du Texas, un Noir qui avait été élevé par des Blancs. Nous le connaissions tous depuis longtemps, et il avait la réputation d'être le Noir le plus honnête et le plus courageux du pays. Quand je parle d'honneur, cela signifie ne pas trahir sa parole dans l'espoir de toucher une récompense. Ce qui, à mon avis, est une véritable preuve d'honneur.

Burton ne savait rien de nos plans. Nous avions décidé de le payer convenablement au moment de nous retrouver à l'endroit prévu, puis de le laisser regagner sa concession, située à douze miles à l'est de Guthrie où il résidait avec sa sœur, veuve, et ses enfants. Nous avions planifié d'aller vers le Nord-Ouest, au printemps suivant, pour nous arrêter à Seattle, dans l'État de Washington.

De là, nous gagnerions l'Amérique du Sud, séparément, en prenant différents bateaux. Nous avons très attentivement revu l'ensemble du plan en détail. De notre point de vue, il n'y avait aucune possibilité d'échouer. Jamais nous n'aurions seulement imaginé que cela puisse se terminer d'une façon aussi désastreuse. Nous en étions presque arrivés à nous croire protégés par quelque mystérieuse puissance. Il nous était bien arrivé de prendre l'eau quelques fois, mais jamais de « boire la tasse ».

Nous l'ignorions, mais cela devait être notre dernier voyage. À de nombreuses reprises, Bob révisa scrupuleusement le plan afin qu'il n'y ait pas la moindre possibilité d'erreur. Le petit matin nous semblait propice à l'attaque, considérant que les banques ouvertes depuis peu n'auraient pas encore eu beaucoup de retraits d'argent.

Nous n'avions pas même tenté d'estimer le montant des gains. Nous savions que cela serait suffisant pour ce que nous voulions, et ce que nous voulions était sortir du pays.

Bob, Grat et moi nous partagerions les trois cinquièmes du butin. Ce que feraient Broadwell et Powers de leur part, nous ne le savions pas, et cela ne nous intéressait pas. De leur côté, ils ne semblaient pas s'intéresser à notre projet de partir pour l'Amérique du Sud.

Bob suggéra de nous répartir en deux groupes : Grat, Powers et Broadwell iraient à la Condon Bank tandis que Bob et moi attaquerions la First National.

Nous avions besoin de nouveaux chevaux. Bob en acheta pour tous, excepté pour moi, qui avais eu le mien par Chapman, ainsi que je l'ai raconté plus haut. Notre plan d'action était soigneusement élaboré. Nous devions : entrer dans les banques, les ratisser, ressortir ensemble, sauter en selle et nous enfuir. Puis viendrait l'heure de la séparation.

Bob avait décidé de laisser Doolin, Newcomb et Pierce en dehors de cette attaque. Tous les trois en avaient un peu assez ; ils avaient, de plus, un peu trop tendance à faire des haltes répétées chez des amis après une longue chevauchée, au lieu de choisir des campements en des lieux plus sûrs. Cela devait leur coûter la vie quelque temps après. Newcomb et Pierce furent assassinés contre une importante prime offerte pour leur capture alors qu'ils dormaient chez des soi-disant amis. Un peu plus tard, Doolin fut trahi de la même façon mais sans qu'un seul centime soit jamais versé. C'est tout ce que méritait son délateur.

19

La seule attaque simultanée de deux banques dans l'Histoire

Lorsque tout fut prêt, nous quittâmes notre camp situé à vingt miles au-dessus de Coffeyville, le 4 octobre 1892, vers huit heures du soir. Nous marchâmes vers Onion Creek à un mile et demi au sud-ouest de Coffeyville. Là, nous dessellâmes et nous reposâmes jusqu'au matin.

Le mercredi matin, nous nous réveillâmes de bonne heure, nourrîmes nos chevaux et prîmes un léger repas. À huit heures quarante-cinq, nous sellâmes nos chevaux. À ce moment-là, le cheval de Powers montra des signes de nervosité plutôt inhabituels, ce qui lui causa quelques difficultés pour s'y installer. Finalement, il parvint à monter en selle. Bob portait un sac au bras ainsi que Grat qui devait conduire le second groupe.

– En avant pour Coffeyville ! C'est le dernier tour ! cria Bob, en riant, tandis qu'il éperonnait son cheval.

Je le suivais de près.

– Oui, le dernier, répétai-je.

Hélas ! nous ne savions pas à quel point c'était vrai.

Et donc, en ce matin du 5 octobre 1892, par un mercredi ensoleillé, le vent d'automne soufflant, nous entrâmes dans Coffeyville.

Il est bon de donner un aperçu géographique de ce coin de Coffeyville qui, quelques minutes plus tard, allait se transformer en véritable enfer ; une scène de bataille qui connaîtrait un taux de mortalité plus élevé que n'importe quelle bataille de la guerre de Sécession, en temps écoulé.

La façade sud de la Condon Bank occupait un espace triangulaire sur la Plaza, ainsi qu'était nommé l'espace ouvert d'un centre-ville. Juste en face, à l'est, se trouvait la First National au milieu d'une rangée de petits magasins qui donnaient sur l'est. Le magasin côté sud de la First National était la quincaillerie des frères Isham, et celui côté nord la pharmacie des frères Rammell.

Nous entrâmes dans la ville et la traversâmes d'ouest en est, en suivant Maple Street jusqu'à la 8e Rue. Nous comptions attacher les chevaux à l'angle de la 8e Rue et de Wallnut de façon à n'avoir à parcourir qu'une courte distance au moment de prendre la fuite. Mais, arrivés

Façades de la Condon Bank après la fusillade.

sur la 8e Rue, nous pûmes constater que toute la rue jusqu'à hauteur de l'opéra était éventrée et qu'une équipe de travailleurs noirs s'y affairait. Cela modifia radicalement nos plans et nous nous dirigeâmes par conséquent vers Maple, jusqu'à une allée située entre la 8e Rue et la 9e Rue. Nous y attachâmes les chevaux à la clôture d'un terrain appartenant à l'officier de police Munn.

Il arrive bien souvent qu'un détail insignifiant joue un rôle déterminant dans le dénouement d'une histoire. De l'endroit où nous étions, nous avions une vue dégagée jusqu'à la quincaillerie d'Isham, et c'est précisément de cet endroit que furent tirés les coups de feu mortels. La rue eût-elle été praticable, nous y aurions laissé les chevaux et aurions très probablement été en mesure d'assurer notre repli en toute sécurité.

De la 9e Rue jusqu'à l'allée côté ouest de la Plaza, on trouvait successivement le bazar des frères Reed, le bureau de poste, le bazar de Wilhaf, celui de Boswell, celui de Lang & Lang et la pharmacie Slosson.

De l'autre côté de l'allée, il y avait le magasin de nouveautés McKenna, celui de Wells et le restaurant Mitchell et Ulms.

Après avoir laissé nos chevaux, nous traversâmes la Plaza. Bob et moi étions devant, suivis de près par les trois autres.

Il y avait beaucoup de flâneurs du côté des magasins ce jour-là. Notre apparence ne retenait pas l'attention, bien que chacun d'entre nous portât ses revolvers à la ceinture et sa Winchester. En arrivant à l'entrée sud du bâtiment de la Condon Bank, nous nous séparâmes. Bob et moi traversâmes la rue en direction de l'entrée de la First National, tandis que nos trois complices pénétraient dans la Condon Bank. Avant même de franchir la porte de la First National, Charlie Gump qui était dans la rue, nous remarqua et se mit à crier :

– Voilà les Dalton !

Il ne nous avait pas vraiment reconnus, mais il avait jeté un coup d'œil à travers la fenêtre de la Condon Bank et nous avait vus sortir les Winchesters, tandis que les gens rassemblés dans un coin tremblaient, effrayés. Alors, il comprit qui nous étions. En guise de réponse, Bob se retourna et tira sur lui. La balle blessa à la main Gump, qui tomba à terre, gémissant de douleur et de peur. Puis il se releva et courut vers la quincaillerie de Boswell.

Dès lors, les événements s'enchaînèrent si rapidement que je vais m'efforcer de les décrire avec le plus de précision possible, en m'aidant de ma mémoire mais aussi de ce que l'on m'a rapporté, et que j'ignorais, étant trop occupé à faire ce que j'avais à faire.

Peut-être devrions-nous tout d'abord rejoindre Grat, Powers et Broadwell à la Condon Bank.

Charles Ball, le caissier, se trouvait derrière la vitre du comptoir lorsque Grat entra et le mit en joue avec sa Winchester.

– Les mains en l'air ! ordonna Grat.

Ball leva aussitôt les mains, de même que Carpenter, le vice-président.

– Ouvrez le coffre ! ordonna-t-il ensuite.

C'est alors que Ball tenta de ruser. Une tentative qui devait coûter la vie à huit personnes et permettre à la banque de conserver les huit mille dollars qui se trouvaient dans ce coffre.

– Le verrou est équipé d'une minuterie et ne se déclenche pas avant neuf heures quarante-cinq, dit-il.

À ce moment-là, la porte s'ouvrit et l'on vit entrer John D. Levan, prêteur sur gages, à bout de souffle. Il avait entendu crier : « Les Dalton attaquent les banques ! » et s'était précipité pour en avertir le banquier et, par la même occasion, retirer son bien pour le mettre à l'abri. Alors qu'il entrait précipitamment en bredouillant « les Dalton », Grat l'attrapa par le col et l'envoya dans un coin.

– Bien, alors on va attendre trois minutes que le coffre s'ouvre puisqu'il est neuf heures quarante-deux, dit-il.

De l'autre côté de la rue, Bob et moi étions aussi très occupés. En pénétrant dans le bâtiment, je tins la foule en respect avec ma Winchester. Le caissier, Tom Ayers, qui était à sa place, plongea derrière le comptoir.

W.H. Sheppard, le comptable, était en train de parler avec J.H. Brewster à travers la vitre, et lorsque nous entrâmes, ils levèrent les mains en même temps. Bob fit le tour du comptoir et lança le sac à Ayers en lui disant :

– Remplis-le !

Ayers prit le sac, jeta un rapide coup d'œil à Bob et commença à remplir le sac avec les pièces d'argent que contenaient les tiroirs.

– Pas de pièces ! lui enjoignit Bob, c'est trop lourd. On veut les billets !

Un seul mouvement de Winchester suffit à convaincre Ayers, qui retira aussitôt les pièces d'argent, lesquelles roulèrent sur le sol.

Pendant ce temps, je surveillais les quatre employés de la banque et quatre clients parmi lesquels se trouvait Abe Knott, le shérif adjoint.

– Ouvre la chambre forte ! ordonna ensuite Bob.

Ayers s'exécuta et jeta les liasses de billets dans le sac, les unes après les autres. Bob balaya rapidement la pièce du regard, prit le sac, et demanda au personnel de rejoindre les quatre clients que je surveillais. Puis nous gagnâmes la sortie.

Alors nous entendîmes un coup de feu à l'extérieur. Quelqu'un tirait sur la porte de la banque. Gump, blessé, avait donné l'alarme. Par la fenêtre, nous aperçûmes des hommes qui couraient dans tous les sens. Ensuite, nous relâchâmes les employés à l'exception du comptable Sheppard.

– Peux-tu nous faire sortir par-derrière ? lui demandai-je.

Il hocha la tête et dit poliment :

– Bien sûr.

– Ouvre la marche, dis-je.

Il désigna la porte de derrière mais, sur un ordre de ma Winchester, il nous y précéda ; arrivés là, nous le laissâmes partir.

Je me tenais près de Bob, et comme nous avancions dans l'allée il me tendit le sac qui contenait, je l'apprendrai plus tard, vingt-trois mille dollars.

– Tu t'occupes du sac, moi je nous couvre, me dit Bob alors qu'il se plaçait devant moi.

En arrivant sur l'allée, nous vîmes un homme qui courait vers nous, un revolver à la main.

C'était le jeune Lucius Baldwin.

– Reste où tu es ! lui cria Bob sans tirer.

Mais Baldwin continua à courir en pointant son revolver sur nous.

Alors seulement Bob tira. Le coup de feu frappa Baldwin en pleine poitrine et le faucha net.

Il s'effondra et son revolver lui tomba de la main.

On m'a raconté, qu'avant de mourir, il avait reconnu que Bob lui avait demandé de s'arrêter mais qu'il était tellement hagard, tellement tétanisé de peur et de surprise, qu'il n'avait pu choisir entre s'arrêter ou tirer. Ce bref moment d'indécision lui avait coûté la vie.

Comme nous tournions à l'angle de l'allée, nous trouvant à découvert pour ceux qui tiraient de la Plaza, nous vîmes George Cubine devant son magasin de chaussures, son arme levée. Bob avait atteint l'angle de l'opéra. Il se retourna très rapidement et fit feu en direction de Cubine. Cubine tomba raide mort.

Comme il s'effondrait, Charles Brown, un cordonnier qui se trouvait près de lui, se saisit de l'arme. Quand il se releva, Bob tira une seconde fois. Brown s'écroula, mort.

C'est pour la mort de Cubine que je fus condamné, bien que je n'aie pas tiré une seule fois. À ce moment-là, je me tenais à couvert derrière le mur latéral de l'opéra. Bob courut me rejoindre et dit :

– Si ça ne se calme pas, je vais descendre toute la ville. J'en ai déjà tué deux. Retournons aux chevaux. Les autres doivent déjà avoir fini.

Nous courûmes jusqu'à la rue Maple, puis au sud de l'allée où se trouvaient nos chevaux.

Je venais à peine de jeter le sac sur le dos de mon cheval que j'entendis une rafale de tirs à l'est.

– On dirait que ça tourne mal là-bas, remarqua Bob calmement. On ferait mieux d'y retourner et de les sortir de là.

Comme nous revenions sur nos pas, le petit Bobbie Wells, un gamin de quatorze ans, surgit de derrière une porte. Il tenait dans la main un petit 22 et, en nous visant, dit d'une voix enfantine :

– Qu'est-ce que vous faites là, les gars ?

Bob lui dit en riant :

– Rentre vite chez toi, tu risques d'être blessé.

Il prit sa Winchester par le canon et donna une tape au petit Wells.

Le gamin s'enfuit dans l'allée, en hurlant, comme si on l'assassinait.

À mon avis, le jeune Wells montra plus de courage authentique qu'aucun adulte.

M. Wells est à présent l'un des avocats les plus importants de Washington, et nous sommes devenus de très bons amis.

20

Dans l'allée de la mort

Le bruit des détonations devint assourdissant. Tout le monde était survolté. La quincaillerie d'Isham offrait la meilleure place pour attaquer et une foule s'y rassembla. Dans le magasin, les hommes se saisissaient des Winchesters et des revolvers et nous maintenaient sous un feu roulant. Les balles sifflaient tout autour de nous, mais je me souviens de n'avoir ressenti ni peur ni angoisse.

– Mais où sont passés les autres ? murmura Bob une ou deux fois, alors que j'attachais le sac.

Bob n'avait de cesse de tirer avec sa Winchester dans toutes les directions. Il ne visait personne mais essayait seulement d'effrayer nos adversaires.

Finalement, quand j'eus terminé, nous revînmes sur nos pas afin d'entrer dans la Condon Bank et d'aider nos compagnons. L'argent était bien ficelé sur le pommeau de la selle et la fuite était sûre, mais le sens de la loyauté était plus fort que celui de la sécurité.

Je ne pense pas que l'idée qu'il risquait sa vie pour aller sauver nos trois compagnons ait même jamais traversé l'esprit de Bob.

Tandis que nous remontions l'allée, nous entendîmes le bruit de la fusillade provenant de la Condon Bank. C'était Grat, Powers et Broadwell qui en sortaient. Ils s'étaient fait duper par le stratagème du caissier et de son mécanisme d'horlogerie. Ces trois minutes s'étaient révélées fatales, non seulement pour nous mais également pour les habitants de Coffeyville.

Les trois hommes coururent le long de la Plaza, faisant feu en direction du magasin d'Isham.

C'est au cours de cet échange qu'Ayers, le caissier de la First National Bank, tomba, touché par une balle perdue.

Les nôtres reculaient dans l'allée tout en faisant feu sur le magasin.

Nos tirs avaient éloigné les gens des fenêtres et des portes mais, alors que nous étions presque arrivés aux chevaux, la fusillade reprit de plus belle. Je n'ai pas la moindre idée du nombre de coups de feu échangés dans cette bataille. Je m'en souviens comme d'un rugissement apocalyptique.

Mes compagnons rechargeaient sans cesse leur Winchester et, de tous les coins de la ville, nous parvenait un bruit de tir ininterrompu, sans destination précise, mais se mêlant au vacarme général.

Lorsque nous fûmes près des chevaux, quelqu'un sortit du magasin d'Isham, prit rapidement position et tira. La balle atteignit Powers au bras. Il était juste devant moi et je le vis chanceler comme si on l'avait poussé dans le dos.

Alors il se retourna, regarda en direction du magasin d'Isham, leva son arme et tira. Je n'ai pas gardé de souvenir précis de ce qui s'est passé ensuite. Je ne saurais dire avec précision quels furent les auteurs des coups de feu qui se révélèrent mortels. La situation devenait critique et je m'en rendais compte.

À ce moment-là, je sautai en selle et vis le corps du marshal Charles T. Connelly gisant au sol. Connelly avait surgi dans l'allée par l'ouest pour nous surprendre.

Peut-être l'un des nôtres a-t-il tiré sur lui, ou alors a-t-il été fauché dans sa course par des balles tirées de son propre camp au magasin d'Isham, c'est une chose que je ne saurais dire et que personne ne sait.

L'un des premiers coups de feu en provenance de l'allée me brisa le bras droit, puis une seconde balle vint se loger directement dans mon dos.

Je ne ressentis aucune douleur mais un engourdissement qui me gagnait au moment où j'essayai de détacher mon cheval.

Je réussis finalement à desserrer la corde et montai en selle.

Broadwell était déjà à cheval. Je le vis devant moi lorsque je me mis en route. Derrière moi, j'entendais des détonations ; cela me parvenait désormais d'une façon floue et presque monotone. Puis j'aperçus la tache rouge sur la chemise de Broadwell.

Il parcourut près d'un mile hors de la ville avant de tomber de son cheval, mort.

Lorsque je me mis en selle, Bob, Grat et Powers étaient étendus sur le sol, et semblaient morts. Le seul son qui m'était audible était un pénible « pop, pop, bang, bang ! ».

Je regardai en arrière par-dessus mon épaule et vis Bob qui tentait de se relever. Les considérations telles que ma propre survie ou les possibilités de fuite avec l'argent s'évanouirent instantanément. Je savais simplement qu'il me fallait arriver jusqu'à lui. Je fis demi-tour et une fois encore revins sur l'allée.

Mon bras n'était plus engourdi, mais une douleur effroyable s'était répandue dans tout mon corps.

Alors je fonçai sans réfléchir sous une pluie de plomb. Comment j'en réchappai, cela reste un mystère que nul ne peut élucider. Pas une seule balle ne m'atteignit. Je rejoignis Bob et en un coup d'œil vis qu'il n'était pas mort. Il ouvrit les yeux, avec un frisson convulsif, et murmura alors :

– Adieu, Emmett, ne te laisse pas prendre, meurs comme un brave.

Je me suis penché sur ma selle pour prendre Bob et le hisser sur mon cheval, lorsque soudain, par-delà tous les autres bruits, retentit une puissante détonation.

Je me suis alors senti glisser. J'avais été touché une fois de plus, cette fois avec de la chevrotine. Je luttais contre la sensation. Je devais sauver Bob. Peut-être étais-je juste en train de m'assoupir. La pensée singulière de n'avoir pas assez dormi la nuit précédente se fit un chemin à travers mon esprit et je commençais à maudire ma négligence.

Mais l'engourdissement était en train de croître et, quelque effort que je fis, je fus incapable de ne pas m'affaisser sur le sol.

Finalement, je m'effondrai et dans un bruit sourd tombai près de Bob.

En un coup d'œil, je pus mesurer l'ampleur du désastre sanglant. À quelques pieds de distance, je pouvais voir Grat toujours étendu. Juste en face de lui se trouvait Powers, les bras en croix.

Je regardai Bob. Il était étendu là, du sang coulait de ses narines.

Il n'était pas encore mort et comme je tournais ma tête vers lui j'entendis un faible bruit.

Il leva sa Winchester et, une dernière fois, fit feu. Alors, sa carabine retomba au sol et il dit, un sourire aux lèvres :

– Je meurs.

Sa voix était faible et rauque. Le râle de l'agonie étouffa ses mots alors même qu'il les prononçait. Alors vinrent l'obscurité et le silence. Le crépitement des armes s'éteignit au loin. L'éclat du soleil s'atténua et ce fut tout. Je m'affaissai sur le sol.

Le gang des Dalton avait vécu.

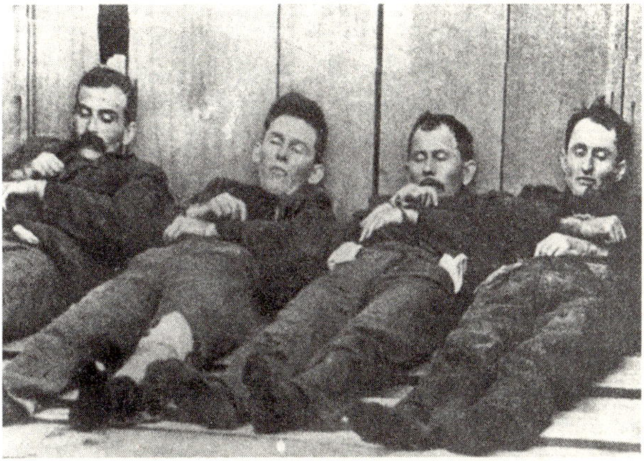

Les corps de Bill Powers, Bob Dalton,
Grat Dalton et Dick Broadwell
devant la prison de Coffeyville le 5 octobre 1892.

21

Mon procès et mon incarcération

Le 11 octobre, je fus transféré sur un brancard, de Coffeyville, au Kansas, à la prison du comté située à Independence. Le procureur du comté, M. J.R. Charlton, qui est toujours en vie et est devenu un excellent ami, avait ouvert le dossier en m'inculpant de deux meurtres et d'une attaque de banque. Bien que je n'aie tiré aucun coup de feu, je fus accusé des meurtres de George Cubine, Lucius Baldwin et du hold-up de la First National Bank. Peu de temps après avoir été incarcéré, je dus comparaître en audience préliminaire devant le juge de paix. On m'avait détaché les mains.

Lors de mon séjour en prison, le détective de la Pacific Express, M. H.C. Dickey, vint me rendre visite à plusieurs reprises, afin que je lui dise comment mettre la main sur ceux qui étaient également impliqués dans l'attaque du train d'Adair.

C'était un vieux monsieur distingué et, sans doute, le meilleur détective qu'ils lancèrent à nos trousses. Il alla même jusqu'à proposer que la Company mette deux mille dollars sur un compte à mon nom et que leur avocat intervienne en ma faveur. Je lui répondis que je ne savais rien sur ces hommes et que, de toute façon, si j'avais su quoi que ce fût, je ne lui en aurais certainement pas fait part.

Voici maintenant l'épisode du compromis le plus sinistre que je me vis dans l'obligation d'accepter :

Le premier jeudi de novembre, moins d'un mois après mon incarcération, le tribunal de district se réunit sous la présidence du juge J.D. McCue. Il n'est pas inutile de rapporter ici que ce juge était candidat à sa propre réélection et faisait face à une forte opposition.

Bien que je fusse sous la surveillance quotidienne de deux chirurgiens, les Drs McCullough et Masterman, le juge McCue insista pour me faire comparaître malgré tout. Je fus transporté à la cour, attaché sur une chaise, et ce malgré l'avis contraire des deux chirurgiens et de mon avocat M. Joe Fritch.

Au mois de mars suivant, cinq mois après mon arrestation, Joseph Fritch vint me voir et m'informa qu'il s'était arrangé avec le juge McCue pour obtenir l'annulation des charges retenues contre moi dans le cadre de l'assassinat de Charles Baldwin et de l'attaque de la First

National Bank. En échange de quoi je devais reconnaître ma culpabilité dans le meurtre de George Cubine, ce dont la cour tiendrait compte en me condamnant à une peine de quinze à vingt ans. Je refusai catégoriquement, sachant que je n'avais tué personne et qu'ils n'avaient aucune preuve.

Toutefois, à l'instar de mon avocat, nombre d'amis et d'hommes de loi tentèrent avec opiniâtreté de me convaincre, en insistant sur le fait que la cour se montrerait plus clémente si je demandais ensuite une commutation de peine. Je finis alors par accepter de plaider coupable de complicité de meurtre, confiant dans l'intégrité de la cour. Imaginez ma surprise lorsque, arrivant sur mes béquilles à la cour, le 8 mars 1893, pour plaider coupable de complicité de meurtre, je fus condamné à la réclusion à perpétuité.

Si je n'avais pas été un individu équilibré, déjà conscient de l'égoïsme, la fausseté et la rouerie propres à la nature humaine, je pense qu'à ce moment-là, je serais devenu anarchiste. Bien qu'il ait été élu avec une majorité de trois mille voix, le juge McCue fut battu à l'élection suivante de huit cents voix, moins de six mois après mon procès ; mon avocat me fit remarquer qu'il avait certainement contribué à cette défaite.

Une heure à peine après ma condamnation, on me mit dans un train en partance pour Lancing, au Kansas, où se trouve la prison de l'État. Je fus mieux traité en prison que ce que je craignais au vu des circonstances. Je pense cependant que, s'il m'avait été donné de connaître par avance la somme de souffrances que cela impliquait, j'aurais mis fin à mes jours tout de suite. En arrivant à la prison de l'État ce soir-là, vers huit heures, je fus conduit dans le bureau du surveillant en chef qui me posa les questions de routine et procéda à mon enregistrement.

Tom Callaghan, le shérif, un homme qui me traita toujours très bien pendant mon séjour en prison, me confia à John Higgins, directeur adjoint, qui se révéla être l'un des officiers les meilleurs et les plus impartiaux attachés à la prison. M. Higgins me dit :

– Bien, Emmett, je suis toujours profondément désolé de voir arriver des prisonniers ici, en particulier lorsqu'il s'agit d'un jeune homme, mais tâche d'en tirer parti, conduis-toi bien et souviens-toi de venir me trouver en cas de problème ; si tu me dis la vérité, ta parole comptera pour moi autant que celle d'un gardien.

Après le bain d'usage, je fus conduit dans une cellule où j'étais condamné à dormir pendant quatorze ans, cinq mois et vingt-huit jours. Je n'étais pas couché depuis cinq minutes que je commençais déjà à envisager un moyen de sortir de là. Je savais qu'aucun pouvoir n'est capable de contraindre une volonté lorsque celle-ci est entièrement tendue vers un objectif.

Les cellules de prison sont une abomination. Elles mesurent approximativement quatre pieds et demi de largeur sur huit pieds et demi de longueur, avec une lumière faible et une bouche d'aération de huit pouces sur dix. Il y fait froid en hiver et chaud l'été. Il y a là plus de folie que n'importe où ailleurs. Ces cellules sont le produit des conceptions archaïques de nos ancêtres, sauvages en matière de redressement. Bien que l'air y soit gratuit, il semble cependant que la politique de nos législateurs avisés consiste à autoriser le prisonnier à n'en utiliser que le moins possible en le laissant croupir dans l'une de ces sordides petites cellules.

Le jour suivant, après avoir été examiné par l'aumônier qui tint à apprécier mon état moral, je fus assigné à l'atelier de couture pour apprendre à couper et tailler des vêtements masculins.

Quatre mois plus tard, je pris en charge l'atelier de confection où j'allais travailler pendant quatorze ans, avec un nombre d'hommes allant de vingt-cinq à quarante.

En prison, tous les prisonniers sont catalogués. Aussi bien par les prisonniers que par les surveillants. La même chose prévaut pour les gardiens. Ceux qui sont connus pour être « réguliers » sont ceux qui gardent leurs problèmes pour eux-mêmes, qui se conduisent toujours en *gentlemen*, et qui ne dénoncent les violations d'aucune des règles de la prison en aucune circonstance.

Ceux qui sont connus comme « mouchards » sont toujours à geindre et courent vers les gardiens pour leur raconter ce qu'ils ont vu ou ce que font les autres prisonniers. Ceux-là passent de sales quarts d'heure dès qu'ils sont découverts. Habituellement, nous avions deux ou trois gardiens qui étaient des « mouchards », et ils étaient traités à la même enseigne. Les gardiens et les prisonniers « réguliers » leur faisaient la vie tellement dure que, s'ils ne modifiaient leur attitude, ils étaient mis à la porte, ou placés à un poste où ils ne pouvaient rien voir ni savoir.

Heureusement, je fus considéré comme « régulier » dès le début, tant par les gardiens que par les prisonniers. Pendant toutes ces années passées derrière les barreaux, aucun gardien n'a jamais cherché à se servir de moi afin d'obtenir des informations sur les autres détenus. Leur confiance s'est, semble-t-il, accrue au fil du temps. Jamais aucun gardien ni aucun prisonnier ne refusa de m'aider. Les prisonniers avaient confiance en moi et l'on me rapportait parfois certains cas parmi les plus poignants que l'on puisse imaginer. Par exemple, le cas d'un jeune homme qui avait fui un bon foyer pour commettre quelques délits mineurs. Ou encore celui d'un pauvre homme, à la tête d'une famille nombreuse, laquelle était quasiment détruite ; ou bien le cas de ce vieil homme qui avait toujours vécu honorablement. Tous venaient à moi en quête de réconfort et de conseil. Certains d'entre eux étaient de toute évidence innocents, victimes de l'ambition démesurée de procureurs mesquins dont le seul objectif consistait à conserver, à n'importe quel prix, leur précieuse situation.

Nombreux furent les courriers que, de façon clandestine, je m'arrangeais à faire parvenir à mes infortunés compagnons et à leurs proches. Ces lettres ne contenaient rien de condamnable comme je m'en assurais. Je suis content d'avoir pu faire cela.

Puis, j'aperçus une première lueur de liberté. Je travaillais à l'extérieur en tant que manutentionnaire. C'était la première fois qu'une telle faveur était accordée à un prisonnier condamné à perpétuité. Bien qu'ayant bénéficié de l'amitié et du soutien effectif des six anciens directeurs et de leurs employés, environ un millier, et des six mille prisonniers qui en sont sortis à présent, je ne peux m'empêcher de rendre hommage tout particulièrement — et c'est justice — au dernier directeur W.H. Haskell, son adjoint John Brown ainsi que Charles Ernst, le responsable des envois postaux.

Je me souviens parfaitement du jour où je me rendis dans le bureau d'Haskell pour solliciter un poste en extérieur. Il me demanda simplement :

– As-tu l'intention de t'évader ?

Ce à quoi je répondis :

– Non.

– Très bien, le poste est à toi, répliqua-t-il.

À ce moment-là, mes amis John Brown et Charles Ernst entrèrent dans le bureau et, après avoir entendu notre conversation affirmèrent :

– Nous répondons de lui, chef.

On ne vit jamais meilleurs hommes. On ne rencontre qu'une seule fois dans sa vie des hommes de cette qualité. Je pourrais également citer les noms d'un millier de gardiens et d'anciens gardiens qui, me semble-t-il, furent tout aussi bienveillants à mon égard, sans parler des six mille détenus et anciens détenus.

Je peux sans crainte affirmer que la prison de l'État du Kansas, en comparaison avec certaines que j'ai visitées, est, de loin, la plus évoluée. Vous y êtes davantage traité en être humain et, de même que le christianisme est supérieur au paganisme, les gens du Kansas valent mieux que leurs détracteurs.

Je nourris les sentiments les meilleurs à l'égard des gens de Coffeyville. Au regard des circonstances, je fus traité avec une exceptionnelle bienveillance. Cela, naturellement, n'inclut pas ces quelques vautours qui se sont permis de dépouiller les cadavres de mes frères pour y voler ce qu'ils appelaient « des souvenirs ».

22

Le meurtre de Bill Dalton

Le 11 juin 1894, je reçus une lettre de ma mère m'annonçant que, le 9 juin, s'était produit le crime le plus crapuleux et misérable jamais perpétré, le meurtre de mon frère Bill Dalton, près d'Ardmore dans le Territoire indien, par une bande de lâches deputies marshals. Cela s'était produit peu de temps après les événements de Coffeyville qui étaient présents dans tous les esprits.

Ils s'imaginèrent alors qu'en tuant un Dalton on devenait systématiquement un héros, sans pour autant être obligé de répondre d'un tel acte. Leur théorie n'était pas tout à fait erronée, exception faite de la réputation de courage. Par ailleurs, les gens les connaissaient déjà comme étant la plus misérable bande de crapules jamais constituée.

Bill et quelques autres que je ne connaissais pas furent accusés de hold-up à Longview,

Texas. Il se trouvait avec sa femme et ses deux enfants au ranch de son ami Houston Wallace, près d'Ardmore. La petite fille de Bill était infirme. Sa femme était allée faire des achats à Ardmore avec Mme Wallace. Bill était donc resté en compagnie d'un garçon de seize ans employé par Wallace pour s'occuper des enfants et du bétail.

Voici ce qu'il nous dit :

« Après le déjeuner, je laissai Bill assis sur une chaise, dans la cour, où il jouait avec sa petite fille infirme âgée de quatre ans, Grace, et me rendis au corral pour nourrir les chevaux, à cent yards de distance de là. Environ vingt minutes après, j'entendis trois ou quatre détonations là-haut vers la maison. Je vis alors un groupe d'hommes dans la cour où j'avais laissé Bill.

Alors que je marchais vers eux, je vis Bill étendu au sol tout près de l'endroit où il était précédemment. L'un d'eux dit :

– On est venus l'arrêter et on lui a dit de lever les mains mais il a saisi sa Winchester et a couru vers les buissons. On l'a eu et maintenant, jeune homme, tu ferais mieux de te tenir tranquille, sans quoi tu risques de t'attirer des problèmes.

Bill n'était pas armé et n'avait aucune arme près de lui, pas plus que je n'en ai vu à l'endroit où il est tombé. »

Ils n'avaient aucun mandat. Au cours de l'enquête, l'examen montra qu'il avait suffi d'une seule balle tirée dans le rein droit vers le cœur. Cela prouvait qu'il avait été tué alors même qu'il demeurait assis, penché en avant, très probablement pour s'occuper de sa petite fille. S'il avait été tué debout, en courant, ainsi qu'ils l'affirmaient, la trajectoire de la balle aurait été bien différente.

Tout ce que la petite fille de Bill put dire fut :

– J'ai entendu un coup de feu, papa a sauté en l'air et il est tombé et des hommes ont couru.

L'épouse de Bill, une femme exemplaire, fit ramener le corps en Californie pour l'enterrement. La balle de l'assassin avait atteint son but, restait désormais la récompense.

Il arrive quelquefois que cette indéfinissable chose que l'on nomme « opinion publique » se manifeste jusqu'à faire récompenser ceux qui le méritent et punir ceux qui doivent l'être. En l'occurrence, l'affaire déclencha une telle vague d'indignation contre ces marshals, qu'ils furent destitués les uns après les autres, et finirent par quitter le pays pour aller là où personne ne les connaissait, continuer, je suppose, de perpétrer leurs infamies sur de pauvres gens.

Ce genre d'actes n'est pas pour inciter un condamné à perpétuité à s'apaiser. Pendant mon incarcération et après ma libération, j'ai lu beaucoup d'ouvrages portant sur la meilleure façon de traiter un détenu, pendant et après son emprisonnement. J'ai lu certaines des plus belles théories jamais élaborées par un homme sur le sujet et je les ai rejetées, bien conscient que les belles théories, même si elles sont des chefs-d'œuvre de rhétorique, ne sont d'aucun secours pour un cœur qui souffre.

Les détenus, libres ou non, n'ont que faire de la sympathie ou de la charité. Tout ce qu'ils espèrent, c'est une chance d'être jugés équitablement. Je ne crois pas que la prison ait jamais changé quiconque. Si c'était le cas, comment pourrions-nous en être sûrs avant d'avoir laissé à chaque homme une vraie chance ? Par-dessus tout, il ne devrait pas être permis de laisser n'importe quel policier provincial, corrompu, alcoolique et ignorant, juger un prisonnier. À mon sens, nous sommes plus redevables à Henry Ford en matière d'intégration d'ex-détenus et d'étrangers qu'à n'importe qui d'autre.

23

Je sors de prison

Le 6 juillet 1907, la liberté sur parole me fut accordée pour quatre mois par le gouverneur E.H. Hoch, ceci afin d'être opéré d'une nécrose dans l'os du bras. L'opération fut réalisée par les Drs Outland et Ernst, à Topeka au Kansas. Il s'agissait de ce bras brisé lors de l'attaque de Coffeyville, lorsque je fus capturé, et qui ne m'a pas laissé en paix depuis.

Entre-temps, j'avais déposé une requête de commutation de peine auprès du gouverneur Hoch. La presse de Kansas City et de Topeka avait spontanément soutenu ma cause et tout semblait jouer en faveur de ma libération.

C'est alors que survint un incident qui aurait pu décourager n'importe quel homme normal. La personne chargée des dossiers de mise en liberté s'était trompée et avait daté le terme au 1er novembre, au lieu du 6 ; ce qui correspondait aux quatre mois sollicités.

Emmett Dalton à sa sortie de prison, 1907.

Homer, le fils du gouverneur, qui faisait également office de secrétaire, me téléphona pour me signaler que la durée de ma liberté sur parole prenait fin le jour suivant, c'est-à-dire le 1er novembre. Nous étions tous persuadés qu'il s'agissait plutôt du 6, mais le gouverneur était absent et ne devait rentrer que quatre jours plus tard. Il n'y avait rien à faire d'autre que de regagner la prison. Le secrétaire et moi télégraphiâmes à plusieurs reprises pour tenter de le localiser, le 31 octobre, afin de lui expliquer la situation, nous finîmes par renoncer et je retrouvai la prison. Ma liberté sur parole expirait le 1er novembre à minuit. Juste avant que je regagne la prison, plusieurs personnes, dont le secrétaire du gouverneur, son fils Homer, M. L.L. Keenie, rédacteur du journal de Topeka ainsi que son assistant M. Eugene Stotts et Fred Bullen du *Star* de Kansas City, m'avaient tous assuré que l'impossible serait fait pour retrouver le gouverneur avant que je ne retourne en prison. Mais nous n'avions que jusqu'au lendemain minuit et je devais me présenter à la prison pour purger ma peine. À Kansas City, où je devais changer de voiture, je tombai par hasard sur le député C.M. Beeson de Dodge City, Kansas, à qui j'expliquai la situation.

Je me dois ici de préciser que Beeson était un shérif de la vieille école, un fermier, apprécié de tous et un farouche partisan de ma libération. Remontant la rue ensemble, nous croisâmes l'un des gars du *Star* à qui nous expliquâmes que nous cherchions vainement à joindre le gouverneur. Il nous proposa alors :

– Patientez un instant. Le colonel Telson est dans son bureau, laissez-moi essayer de le joindre.

Le reporter nous répéta ensuite que le colonel Telson avait dit :

– Dites à Dalton de retourner en prison et d'y attendre bien sagement son retour. Le *Star* se chargera de retrouver le gouverneur Hoch pour lui, où qu'il se trouve.

J'allai ensuite à Lancing, où je me présentai devant le directeur adjoint, Jim Dobson, et lui racontai mes pérégrinations.

Il se montra très aimable, me proposa d'attendre à l'hôtel jusqu'à minuit, et ajouta de façon spirituelle :

– Vous remettre en prison serait comme replonger un chat dans l'eau glacée.

Dans l'après-midi du 1er novembre, vers quatre heures, je reçus deux coups de téléphone ; l'un en provenance du *Star* de Kansas City m'annonçant qu'ils avaient enfin localisé le gouverneur à Council Bluffs dans l'Iowa, et un autre de son fils qui m'informa que son père prolongeait ma liberté sur parole jusqu'au 6, et que je devais retourner à Topeka, ce dont je fus plus que ravi.

Le matin du 2 novembre, le gouverneur Hoch revint et, cet après-midi-là, vers quinze heures trente me convoqua dans son bureau.

Arrivé là-bas, j'entrai et me trouvai face à tous les journalistes qui m'avaient si gracieusement aidé, la femme du gouverneur et quelques autres.

Je ne sais pas à quel moment j'eus le plus le trac, durant l'épisode de la First National Bank à Coffeyville, ou bien ce jour-là dans le bureau du gouverneur.

J'ignorais à quelle sauce j'allais être mangé, s'il allait s'agir de m'accorder ma libération ou bien de refuser la commutation de peine, ce qui équivaudrait à me renvoyer croupir en prison pour plusieurs années.

Le gouverneur, qui se trouve être un juge perspicace de la nature humaine et un homme d'une grande gentillesse, comprit très rapidement mon angoisse. Il se leva, se dirigea vers moi, me serra les mains et dit :

– Eh bien, Emmett, j'ai décidé que votre peine expirait sur-le-champ.

Puis, me tendant les documents officiels, il ajouta :

– Vous avez péché et vous en avez payé le prix légal. Au regard de cela vous êtes bien meilleur que chacun d'entre nous. À l'avenir, tâchez de mettre vos talents au service de l'humanité.

Souvent quelques mots bien choisis sont préférables à un long discours. Alors, pour la première fois depuis quinze ans et vingt-huit jours, je fus libre.

Tandis que je jetai un coup d'œil sur les documents qui ratifiaient l'amnistie, mille choses traversèrent mon esprit : les erreurs commises, les opportunités gâchées, le futur, enfin. Autant de pensées qui s'agitaient comme une sarabande de méchants génies. Et c'est alors que je me dis : si seulement j'avais su !

C'était assez, ce n'était pas le moment de se laisser abattre. Il faut rendre justice à celui qui a payé ses dettes. Certains attendent la mort de ceux qui les ont aidés pour leur rendre hommage. En ce qui me concerne, je considère que « les morts n'ont guère le loisir de goûter le parfum des fleurs de leur tombe ».

Je serai toujours infiniment reconnaissant à ceux qui m'ont généreusement aidé, les vivants comme les morts. Au gouverneur Hoch, je suis redevable de plus d'une vie de service. Lorsque flanche ma foi en la bonté de l'être humain, il me suffit de penser à des hommes tels que lui. Ce qu'il fit pour moi, il le fit pour des centaines d'autres hommes dont certains se trouvaient dans des situations tout aussi difficiles que la mienne.

En revanche, en ce qui concerne ces inqualifiables petits putois corrompus qui se sont évertués à me mettre des bâtons dans les roues depuis ma sortie, je n'ai que du dégoût, un implacable et profond mépris. Je les dénoncerai inlassablement à chaque fois que l'occasion m'en sera offerte. Et si cela constitue une contradiction, je l'assume.

Sans pour autant idéaliser ce phénomène, je peux ici constater que le temps produit parfois de merveilleux résultats. Parmi tous ceux qui se sont opposés à ma libération, aucun n'est aujourd'hui en vie. Durant mon séjour en prison, j'ai été amené à rencontrer des gens de tous les milieux. Du cireur de chaussures au directeur de banque, des hommes accusés de toutes sortes de délits, dont dix pour cent, à mon sens, étaient innocents. J'y rencontrai aussi les hommes les plus intelligents qu'il m'ait été donné de connaître et certains bien plus honorables que d'autres que j'ai croisés après ma sortie. Exception faite des traumatismes dus à un séjour en prison, je n'échangerais pas ce que j'y ai appris sur l'humanité contre dix mille dollars.

On y voit des hommes vraiment mis à l'épreuve. On y voit le fort survivre et le faible se débattre et périr. Ceux qui n'y sont jamais allés ne peuvent se représenter la souffrance que cela implique. Alors même que j'y fus bien traité, tant par les détenus que par les gardiens, il faut s'imaginer ce que furent les nuits d'insomnie, les rêves têtus de liberté, les cauchemars représentant des parents affligés ou votre propre mère franchissant chaque porte jusqu'à votre cellule, son pardon dans les mains, jusqu'à ce que tout disparaisse soudain dans l'air vide. C'est cela le prix à payer.

Naturellement, j'entends déjà les : « Oh ! que de sentiment ! »

Mais ont-ils jamais pensé que c'est le sentiment qui dirige le monde ? Sans cela n'existeraient ni le christianisme, ni la civilisation, ni la loi. Le sentiment est à la source de tous les désirs.

À de nombreuses reprises, on m'a demandé ce qui menait au crime. Mais la réponse est difficile car il y a autant de crimes qu'il y a d'esprits différents. Quoi qu'il en soit, je répondrais que l'ignorance constitue la base du péché et du crime et que, jusqu'à ce que nous ayons atteint ce degré d'intelligence qui permet à chaque homme, le plus tôt possible, d'analyser la cause et les conséquences d'un crime, il sera potentiellement présent en chacun de nous avec sa force quotidienne.

Il semble impossible de l'éradiquer tant que l'homme fabrique des lois en vue de juger son propre frère. Mais il est possible de le juguler, et il appartient à notre gouvernement de prendre en charge le système éducatif et de proposer une éducation universelle et obligatoire. Cela permettrait au moins de donner à chaque enfant un bon départ dans l'existence. Le gouvernement pratique déjà cela avec les Indiens et les résultats sont probants.

Cela serait dans l'intérêt, bien entendu, de nos jeunes citoyens, mais l'intérêt du législateur avisé n'est-il pas d'œuvrer pour la postérité ?

On ne devrait pas s'interroger sur le nombre de jours ou d'années qu'un homme doit passer en prison, mais se demander plutôt ce qu'il va advenir de lui lorsqu'il sortira. L'affirmation concernant le fort taux de récidives n'est pas fondée sur des faits.

Depuis ma libération, j'ai beaucoup voyagé à travers tout le pays dans le cadre de conférences et de projections qui témoignent de nos conditions de vie en prison, et dans de nombreuses villes où je suis passé j'ai eu l'occasion de croiser quantité d'hommes qui furent mes codétenus. Tous œuvraient pour le bien. Au siège de l'un des journaux quotidiens à plus fort tirage de tout l'Ouest, je rencontrai le rédacteur en chef. Il avait été en prison avec moi. Ainsi qu'un comptable de banque que je rencontrai dans une autre ville. Mais, dans leur grande majorité, la plupart des anciens détenus qu'il m'a été donné de croiser ont rejoint le monde des affaires.

Aux plus jeunes, je dirai :

« Il n'y a pas d'échelle dans le domaine de l'honneur. Vivez de façon à n'avoir pas à vous justifier. Souvenez-vous toujours que, si vous glissez sur la mauvaise pente, vos fidèles amis seront les premiers à vous pousser dans le dos et pourraient même savonner cette pente. »

Il est de notoriété publique que nos institutions judiciaires et pénales sont corrompues. À tel point qu'il est inutile d'insister là-dessus. Quoi qu'il en soit, ce n'est pas contre la loi que le condamné s'insurge, c'est contre l'application qui est faite de cette loi.

Notre système judiciaire est, par bien des aspects, une vaste farce. Les tribunaux deviennent des théâtres, non dans un but d'accomplissement de la justice, mais dans la course à la publicité personnelle, la carrière politique et la fortune des juges et des procureurs. Nos tribunaux sont devenus des tribunes politiques.

Un homme qui a passé quinze ans de sa vie dans les ténèbres de la prison devient soit un ennemi de la société, soit un philosophe. Il est soit dégoûté à jamais de la justice, soit décidé à mettre en œuvre des plans de réforme en vue de modifier la cruauté du système dont il a été victime.

On m'a également souvent interrogé sur les lacunes de notre système pénal. Bien que cette question ait mobilisé l'intelligence de centaines de penseurs, un homme qui a traversé les flammes du châtiment doit être en droit de témoigner de ce qu'il en pense. Pour aborder avec lucidité cette question, il vous faut abandonner l'idée qu'un condamné n'appartient pas à la même espèce que vous.

À mon sens, l'un des plus grands scandales de notre système carcéral est le travail forcé et sous contrat. Les prisonniers sont achetés et vendus au plus offrant sur le marché public, telles des marchandises, de la même façon que l'étaient les esclaves noirs autrefois.

Un condamné voit s'engraisser les patrons tandis que sa femme et ses enfants vivent dans l'indigence et le besoin. Ce n'est pas seulement injuste pour le prisonnier et ses proches, c'est un crime perpétré à l'égard de tout homme qui travaille pour vivre. Les prisons devraient être des lieux de réforme, et non des usines qui permettent à quelques privilégiés de faire du profit. Il est scandaleux que le travail en prison soit mis en concurrence avec le travail des hommes libres. Il est scandaleux qu'un fabricant qui a des coûts de fabrication soit mis en concurrence avec un fabricant qui utilise les institutions de l'État comme des usines et le travail d'esclaves pour produire sa marchandise.

Je parlerai à présent de notre système carcéral en général. Ainsi que je l'ai dit précédemment, le pénitencier du Kansas se révèle bien plus humain dans le traitement des prisonniers que dans beaucoup d'autres États — bien que sous certains aspects on y perpétue ce même système diabolique d'esclavage. Il suffit de lire les rapports d'enquête récemment publiés sur les conditions d'emprisonnement dans les autres États. On y apprend comment des hommes y sont fouettés jusqu'à la mort, affamés et maltraités jusqu'à la démence, abandonnés dans des cachots obscurs et insalubres, entravés dans des camisoles de force. On y apprend que ces chambres de torture créent des loques humaines, des hommes infirmes et mutilés dont l'âme et l'esprit sont définitivement anéantis, portés par une seule obsession : la haine de l'humanité et une passion dévorante pour l'idée de vengeance.

Prenons les composantes du système de contrat :

Un patron qui vend, disons, des chaussures ou des meubles, a besoin d'un certain quota d'ouvriers. En moyenne, il paie à l'État de quarante à cinquante cents la journée pour ce travail. L'homme qui travaille, lui, n'obtient rien, ou dans le cas de l'État du Kansas, il reçoit la somme princière d'un dollar par mois. Tandis que le patron donne à l'État cinquante cents par jours, l'État nourrit, héberge, garde, habille, et entretient le prisonnier avec l'argent des fonds publics. L'État ne retire aucun profit de son travail, le gain allant entièrement dans le portefeuille du patron. Le patron, lui, n'a qu'un seul objectif, celui d'obtenir un maximum de travail de ces condamnés sans défense. Il place alors ses contremaîtres et ses inspecteurs dans la prison.

Et même si, en théorie, les gardiens ne sont pas supposés recevoir de l'argent du patron, en réalité ils le font presque toujours. Il en résulte que les gardiens, les contremaîtres et cette impitoyable mécanique qu'est la prison constituent un appareil à broyer le prisonnier dans le seul but d'en tirer profit.

On n'accorde aucune attention aux propositions de réformes destinées à rendre sa dignité au détenu. Il n'appartient pas au patron ni aux gardiens d'aider le prisonnier à affronter le monde l'esprit serein, encore moins de l'encourager à jouer honnêtement son rôle dans l'existence. On le conduit vers sa tâche avec des fusils. Il n'est pas autorisé à parler pendant le travail. S'il se plaint, c'est le boulet ou la chaîne, l'enfer du cachot, et d'ingénieuses tortures qui feraient pâlir d'envie les mandarins chinois.

J'ai vu des centaines de condamnés relâchés devoir affronter le monde avec des mains ou des membres mutilés par cette mécanique qui les exploite. Après des années de dur labeur, ils sont lâchés dans la nature vêtus de hardes, et l'État, dans sa grande mansuétude, leur accorde un billet de cinq dollars pour recommencer une nouvelle vie. C'est là une monstrueuse injustice. En réalité, toute leur existence, ou les meilleures années de celle-ci, a été offerte par l'État à quelques patrons corrompus.

D'après mes observations, cinq pour cent des détenus sont des hommes qui souffrent de troubles mentaux, occasionnés soit par la maladie soit par l'hérédité. Ces gens ne devraient pas être en prison mais dans des centres spécialisés. Au moins dix pour cent sont les innocentes victimes de notre système politique ou judiciaire, condamnés pour couvrir les méfaits d'autres hommes plus puissants ou plus rusés.

Parmi les quatre-vingt-cinq pour cent restants, il s'agit, pour une grande majorité, de victimes de leur environnement. S'ils ont violé la loi, c'est pour survivre. Les statistiques montrent que la majorité des condamnés est composée d'hommes dont c'est le premier délit. Le chômage crée beaucoup de délinquants. Le travailleur qui est convenablement payé, qui a un travail décent et une maison, n'ira pas voler ou violer la loi. Nous parlons ici d'hommes maltraités qui ressentent de l'amertume face à des lois qui ne sont pas même respectées par ceux qui nous gouvernent.

Et c'est dans la nature humaine que de ressentir l'injustice, de se révolter face à cette injustice.

L'examen de nos livres de droit dénoncera le fait que la majorité des lois tend à protéger les droits de la propriété. Nos législateurs semblent n'accorder que très peu d'attention à la question des droits de l'homme.

Tout homme qui dénonce une irrégularité devrait pouvoir proposer une solution. La mienne peut se résumer comme il suit : on ne doit pas s'enrichir du travail des détenus. Qu'on utilise leur labeur pour produire au bénéfice d'autres institutions de l'État, que leur travail profite à tous et ne réduise pas les autres travailleurs au chômage.

Chaque homme devrait pouvoir apprendre un métier, bénéficier au moins des bases d'une éducation scolaire, ne pas être utilisé comme un maillon de la chaîne, mais être renvoyé dans le monde suffisamment armé pour affronter honnêtement une nouvelle vie.

Employons les hommes plus âgés dans les fermes selon un système d'autodiscipline. Redonnons-leur confiance en eux en les traitant, non comme des exclus, mais comme des êtres humains afin qu'ils trouvent leur place dans le monde.

Utilisons nos prisons comme des laboratoires éducatifs de réforme et non des machines à punir ou des terrains de chasse pour des nantis corrompus bien plus malhonnêtes que les victimes qu'ils exploitent.

Rétribuons les prisonniers en échange de leur travail. Par là, j'entends que cela permette à leur famille, leur femme, leurs enfants respectifs, qui se retrouvent bien souvent seuls à affronter le monde tandis que le détenu paie sa dette, de recevoir son salaire. Oui, pourquoi ne pas donner à sa femme et à ses enfants le fruit de son travail au lieu de le donner au patron ? Dans les conditions actuelles, c'est l'État qui paie.

Nos orphelinats et maisons d'indigents sont remplis de familles de prisonniers. Pourquoi ne pas laisser au détenu une chance de s'acquitter de sa dette envers sa famille tout en payant sa dette à la société ? Un homme seul devrait également pouvoir être payé mais différemment d'un chargé de famille. Après avoir purgé leurs années de détention, tous les condamnés devraient être en mesure de sortir avec un petit pécule lui permettant d'affronter cette période critique où l'on cherche un travail pour se remettre le pied à l'étrier.

Si ces conditions étaient remplies, nous verrions très peu de récidivistes et de criminels confirmés.

Donner une seconde chance à l'homme est humain. S'il échoue dans les affaires, l'opinion publique lui accordera toujours une occasion de se réhabiliter, de payer ses dettes et d'être en règle avec la société. Pourquoi ne pas accorder les mêmes chances aux prisonniers ? J'ai rarement croisé des condamnés en mal de compassion. Tout ce qu'un détenu désire est qu'on lui accorde la possibilité de revenir. Il est injuste de le condamner à vie pour une unique erreur s'il manifeste le désir et la capacité de se comporter justement le reste de son existence.

Le grand Lincoln avait dit à ses conseillers, qui attendaient de lui qu'il punisse les États du Sud et emprisonne leurs dirigeants :

« Je leur donnerai leur chance et les traiterai comme s'ils n'avaient rien fait. »

24

Nos tribunaux et nos prisons

Certains m'accuseront peut-être, au travers de ma critique du système des prisons et tribunaux, d'être habité par un esprit de revanche.

À ceux-là, je répondrai encore que l'expérience est irremplaçable et que qui mieux qu'un homme ayant éprouvé la brutalité des tribunaux peut connaître l'enfer de ces procédures pénales ? Comprenez bien que je ne vise pas les individus en particulier. Je connais beaucoup de juges et d'avocats qui sont des hommes d'honneur et nombre de gardiens et d'employés de l'institution carcérale qui s'emploient à être justes envers les prisonniers. C'est le système que je mets en cause, ce maudit système.

De même que les prisonniers, les fonctionnaires des prisons et des tribunaux sont bien souvent victimes du système politique corrompu. Quant à la société, qui cautionne ce système, elle est tout aussi condamnable. Ce que l'on constate aujourd'hui, c'est que le procureur devient un persécuteur.

Ce sont des hommes politiques. Leur avenir dépend de leur succès et leur succès se mesure au nombre de condamnations qu'ils obtiennent. Leur objectif n'est pas de faire la lumière sur un dossier mais d'obtenir une condamnation par n'importe quel moyen. Au regard de la loi, un prisonnier est présumé innocent tant que sa culpabilité n'a pas été établie. En réalité, c'est bien le contraire qui prévaut aujourd'hui. Dès l'instant où il est arrêté, le prisonnier devient l'objet d'un procès insidieux visant à manipuler l'opinion publique contre lui. On ne lui accorde que très exceptionnellement la possibilité d'exposer son cas dans la presse. Les officiels, eux, ont cette opportunité, il s'ensuit que chaque infime indice de sa culpabilité sera retenu par le public avant même qu'il ne soit jugé. Cela a pour effet pervers d'influencer l'opinion du jury qui sera amené à se prononcer sur son cas. De quel droit l'officier qui procède à l'arrestation s'arroge-t-il les prérogatives du procureur ? Le système pénal en son entier est une impitoyable mécanique destinée à infliger des condamnations, que l'on soit coupable ou innocent.

Il n'y a pas d'égalité devant la loi. Un homme riche peut s'offrir les talents des meilleurs avocats qui sauront utiliser les moindres subtilités du droit. Son procès devient dès lors un débat académique portant sur quelques points de jurisprudence extrêmement spécifiques, et non plus la lecture objective des faits destinée à établir ou réfuter sa culpabilité. Un homme pauvre ne bénéficie guère de tels avantages. Il ne peut même pas se permettre le luxe de faire appel car la simple transcription des témoignages lors de son procès coûte plusieurs centaines de dollars, bien que cela soit effectué par des fonctionnaires. Cela suffit à le décourager de faire appel de son jugement.

En dépit de ce qu'affirme notre Constitution, tous les hommes ne sont pas égaux devant la justice. Or, s'il y a bien une chose dans ce monde qui devrait être gratuite, c'est la justice. Lorsqu'un prisonnier n'en a pas les moyens, on devrait lui permettre de choisir un avocat rétribué par l'État. Tout homme comparaissant devant une cour devrait pouvoir bénéficier d'un procès juste et être en droit de faire appel sans frais, la transcription des témoignages devant être assurée gratuitement. Il est scandaleux d'envoyer un homme en prison parce qu'il est trop pauvre pour assurer sa défense.

Il est profondément regrettable que dans la profession judiciaire les plus grands profits soient obtenus en échange de services rendus aux puissantes sociétés privées. Une fois de plus, les droits de la propriété privée sont sacralisés aux dépens des droits de l'homme. La plus grande majorité de nos juges a assis sa position grâce au zèle déployé dans la défense des sociétés privées.

Peut-être ont-ils la conviction d'agir de façon juste mais chacune de leur pensée est conditionnée par leur habitude à être les garants du pouvoir financier.

On en arrive à accorder plus de prix à un cheval qu'à une vie humaine ou à la liberté d'un homme. Actuellement, un procès se réduit à un jeu opposant les avocats et le juge, chacun visant à disqualifier l'autre au moyen de ruses légales tentant d'interpréter subjectivement la loi. On perd de vue la question essentielle de savoir si l'accusé est coupable ou innocent pour se focaliser sur des points de détail techniques au cours d'une joute de spécialistes.

Il est de notoriété publique que nos juges statuent la plupart du temps en faveur de l'accusation. Peut-être partagent-ils de façon inconsciente la présomption commune de la culpabilité d'un prisonnier. Nos juges devraient s'affranchir du poids occulte des puissances financières. Ils devraient se montrer plus directement responsables devant le peuple. Je considère que la possibilité de révocation des juges serait le premier grand progrès en ce sens. Si un juge montre, d'évidence, des liens trop manifestes avec le procureur, on devrait pouvoir être en mesure de lui retirer sa charge, et de le révoquer de façon définitive.

En fait, chaque fonctionnaire, du plus modeste au plus puissant, devrait être élu par le peuple et sujet à révocation. Il est avéré que tout homme est un hors-la-loi en puissance. Peut-être l'ignore-t-on, mais notre code pénal est un tel dédale de contradictions qu'aucun homme ne peut matériellement connaître les milliers de lois qui constituent les textes de droit. Chargez-moi du dossier de n'importe quel homme pris au hasard et je vous démontrerai qu'il est possible de le faire accuser.

Mais cela n'est pas suffisant pour justifier qu'aucun de nous ne puisse enfreindre la loi. Pourquoi un homme qui a commis un crime se retrouve-t-il condamné à vingt-cinq ans de servitude dans tel État, et seulement à cinq ans dans tel autre ? Et de quel droit une cour accorde-t-elle à un homme le minimum tandis que, pour le même crime, un autre se verra imposer le maximum ? La législation des États est contradictoire en bien des points fondamentaux. Ce serait aider la justice que de mettre aux normes notre code pénal à l'échelle nationale. Les grandes sociétés privées tirent un avantage considérable de ces contradictions. Elles s'implantent dans les États où on leur accorde les plus grandes facilités pour voler les gens en toute impunité. Les poursuites qui leur sont faites se déroulent dans les tribunaux qui leur sont les plus favorables.

Si ce pays doit être celui de la liberté, les gens doivent lutter contre ce gouvernement de corporation et reprendre foi en la justice humaine sur laquelle a été fondée la nation. Nos législateurs semblent incapables de rédiger des lois cohérentes. Après qu'une loi a été rédigée, elle est mise en vigueur. Or, nos avocats s'ingénient à la dénaturer tandis que les juges l'entérinent au mépris de ce que le législateur entendait initialement. Il s'avère alors que celui-ci voulait dire quelque chose de totalement différent de ce qui a été écrit. Ces pratiques constituent un abus de pouvoir. Les juges ne devraient pas être autorisés à faire les lois ni à les interpréter de façon subjective. Nos lois devraient être soumises à l'approbation des représentants du peuple et la seule fonction de la cour devrait consister à décider si ces lois ont été ou non transgressées.

Tout le monde s'accorde à admettre qu'une personne qui a mal agi doit être punie, or les usages corrompus de nos tribunaux contribuent à créer à l'égard de la loi un mépris dommageable à la cohésion de la société. C'est toujours l'homme pauvre qui en est la victime. Ce n'est pas la sévérité du châtiment qui découragera de commettre des crimes, mais bien l'assurance que ces crimes seront punis.

Les frères Dalton
et leur stupéfiante carrière criminelle

par un témoin oculaire

En 1892, un mois à peine après les événements tragiques de Coffeyville, paraissait un premier ouvrage sur la vie des Dalton, signé du pseudonyme « Eye Witness » (témoin oculaire). Ce livre, censé témoigner objectivement de la carrière du gang, aurait été écrit par un habitant de Coffeyville[1].

Ce qui suit en est un extrait.

Les fumées de la terrible fusillade s'étaient tout à fait dissipées, mais l'effervescence provoquée par cet événement extraordinaire gagnait les esprits.

1. Eye Witness, *The Dalton Brothers and their Astounding Carrer of Crime*, Chicago, Laird & Lee Publishers, 1892.

Les trains des quatre lignes principales qui menaient à Coffeyville transportèrent des milliers de visiteurs curieux de découvrir le théâtre de ce combat sanglant entre une bande désespérée et notoire de bandits de grand chemin et une foule de citoyens courageux et déterminés qui avaient eu assez de volonté de caractère pour préserver leurs droits et protéger leurs biens dans les circonstances les plus difficiles.

Peu après midi, en ce mercredi mouvementé, et ce dès que le télégraphe eut communiqué la nouvelle à Parsons, le commissaire Frey de la M. K. & T., à la tête de cinquante hommes fortement armés, arriva dans un train spécial qui parcourut en trente-deux minutes les trente et un miles qui séparent Parsons de Coffeyville. En arrivant à destination, ils purent constater que la valeureuse petite ville, sans aide aucune, avait eu raison des criminels.

Des télégrammes et des lettres offrant leur aide et faisant part de leurs condoléances aux familles en deuil affluèrent des quatre coins du pays. Les citoyens qui n'avaient pas participé aux combats étaient fiers de ceux qui l'avaient fait, et ces derniers ont humblement renoncé à leurs honneurs et se sont employés à restaurer l'ordre et la paix.

La chronologie précise des événements montre qu'il s'était écoulé moins de quinze minutes entre le moment où les Dalton avaient fait irruption dans les banques et celui où quatre d'entre eux avaient été abattus. L'unique survivant étant grièvement blessé et sous la garde des officiers.

De part et d'autre, une quinzaine de personnes participèrent à la fusillade qui dura environ dix minutes. Huit personnes furent tuées et trois blessées. Le pourcentage en pertes humaines y fut plus élevé que dans n'importe quelle bataille de la guerre de Sécession.

Il n'y eut ni balles perdues, ni coups de feu accidentels. Ceux qui se sont saisis de leur arme l'ont fait avec beaucoup de sang-froid.

Les citoyens de Coffeyville qui ont été tués dans ces événements terribles avaient tous pris part au combat et n'étaient pas des passants innocents. Les habitants des villes frontalières du Sud-Ouest sont calmes et déterminés, mais ils n'en sont pas moins tout aussi décidés à lutter contre les délinquants. Ils savent comment faire leur devoir, même si cela doit leur coûter la vie.

La vérité sur la mort de Broadwell n'a pu être complètement révélée que plus tard dans la journée. Ce fut une nouvelle preuve du courage des citoyens de Coffeyville, des jeunes comme des plus âgés ; de semblables circonstances mettent à l'honneur un nom supplémentaire, à côté des noms de héros morts, Connely, Baldwin, Cubine et Brown, des blessés, Gump, Reynolds et Dietz ; et de ceux qui en ont réchappé indemnes, John Kloehr et Carey Seaman. Ce nom est celui du jeune T.N. Russell, dont l'expérience racontée par lui-même et constatée par beaucoup de témoins oculaires est à sa place légitime dans ces pages.

Il semble que quand Broadwell – l'unique desperado qui réussit à abandonner l'allée fatale – alla au galop se mettre en sûreté, il dut passer près de la pointe du terrain de G.W. Russell dans la même allée de Maple Street.

Juste à ce moment, le jeune fils de M. Russell courut en direction de la clôture avec un grand revolver Colt à la main. Il tenait à participer à la bataille qui faisait rage à quelques yards de là.

Il mit en joue ce cavalier qui arrivait dans sa direction en éperonnant son cheval comme un forcené et en faisant des mouvements avec sa Winchester. Quand l'homme le dépassa, à moins de cinq pieds de distance, le garçon fit feu à trois reprises au moins.

Le fuyard cria comme s'il avait été mortellement touché, mais il continua sa course effrénée en déchargeant son arme derrière lui, sans même se retourner.

Moins d'un demi-mile plus loin, ses poursuivants le trouvèrent mort sur le bas-côté, il tenait encore les rênes de son cheval.

Le jeune Russell avait visé juste, et l'importance de la blessure à l'abdomen témoignait clairement du type d'arme qui avait accompli ce terrible travail – un revolver Colt exactement du même calibre que celui utilisé par T.N. Russell.

Le corps fut ramené en ville et les cadavres des quatre desperados restèrent empilés pendant quelques heures dans l'étroite prison de la ville. Plus tard ils furent placés dans quatre cercueils noirs. Entre-temps on les laissa étendus, à l'extérieur, devant le hangar, à quelques pas duquel leurs chevaux étaient attachés. Ils faisaient pitié à voir. C'est à cet endroit qu'ils furent photographiés et que des croquis furent réalisés. Ce spectacle morbide attira des centaines de visiteurs qui venaient là et contemplaient longuement la scène.

Quelqu'un fut chargé de placer les corps dans les cercueils, et lorsque le bras droit de Grat Dalton fut soulevé, un petit jet de sang sortit du trou noir de sa gorge. Ils restèrent exposés là, toute la nuit, et le lendemain matin la poussière soulevée par les curieux s'était déposée en une couche épaisse sur les corps et les cercueils ouverts. Une nuée de mouches attirées par la chaleur du soleil et par l'odeur du sang bourdonnait autour des vivants et des morts, mais la foule ne s'aperçut même pas de l'heure jusqu'à midi, quand un employé des pompes funèbres vint fermer les cercueils.

Cet après-midi-là, les corps furent enterrés et bien que la famille Dalton possédât une parcelle dans le cimetière, ils furent enterrés, deux cercueils par caveau, dans le cimetière des déshérités, non loin de la tombe du pauvre Charley

Montgomery, la première des victimes de leurs armes criminelles.

Peu de temps après s'être rendu, Emmett Dalton fut transféré dans une pièce à peine meublée au-dessus de la pharmacie Slossin. Beaucoup voulaient lyncher Emmett et le shérif Callahan, du comté de Montgomery, qui était arrivé immédiatement d'Independence, dut rester en alerte toute la nuit.

À un moment, certains semblèrent s'être décidés à passer à l'action, mais finalement, et c'est tout à l'honneur des citoyens de Coffeyville, les choses en restèrent là. Cependant, dans l'effervescence du moment, toute tentative de la part du shérif pour transférer le desperado blessé hors de la juridiction de la ville aurait rencontré une solide opposition. Ce qui a sauvé la vie de ce garçon, pourtant, fut la rumeur bien fondée qu'il avait seulement quelques heures à vivre. En effet, selon le verdict des médecins, les chances de survie d'Emmett étaient d'environ une sur dix.

Malgré son terrible épuisement, et tout le sang qu'il avait perdu, Emmett avait déjà fait une sorte d'aveu, très contradictoire dans ses détails. Il nia sa participation dans toutes les autres affaires mais admit que Bob, Grat et leurs deux acolytes avaient participé à l'attaque du train du Missouri-Kansas-Texas à Adair, aux attaques des trains de Santa Fe à Whorton et

Red Rock et à une attaque en Californie. Au début, il essaya de nier son identité et disait que son nom était Bailey mais tant de gens le connaissaient qu'il cessa de le faire.

Les cadavres des hors-la-loi furent emportés devant lui et il identifia correctement ses deux frères, mais il dit que Dick Broadwell était Texas Jack et que Bill Powers était Tom Evans, *alias* Tom Hedde. Il admit ensuite avoir menti, et l'identité de tous les membres du gang fut complètement établie. Quelques autres mirent en doute l'identité de Grat Dalton, mais il ne fait maintenant aucun doute que ce criminel faisait partie des morts.

Emmett Dalton passa sa première nuit tenaillé par une douleur atroce. On suggéra l'amputation de son bras mais il s'y opposa. Le lendemain matin, il fut transféré dans la petite auberge que les frères Dalton utilisaient parfois pour se mettre à couvert lors de leurs expéditions nocturnes, Farmers'Home. Il y demeura quelques jours, dans la chambre du fond du petit bâtiment, exposé aux regards de centaines de personnes.

C'est là-bas que Ransom Payne lui rendit visite le samedi suivant. À son chevet se trouvait sa mère, âgée, voûtée, davantage accablée par le chagrin que par le poids des années. Son regard était assombri par des pleurs incessants ; il y avait également sa sœur, Mme Whipple, une belle jeune femme au tempérament énergique ;

l'honnête Ben Dalton qui avait l'air d'un fermier typique ; et finalement Bill, le Californien qui était soupçonné d'avoir participé au hold-up du comté de Tulare, ce dont il a finalement été blanchi.

Emmett, qui à ce moment-là semblait étonnamment se remettre et présentait des signes évidents d'amélioration, reconnut l'imposante silhouette de Payne s'approchant de son lit. Il tendit sa main à Payne et l'officier la lui serra. Il dit :

– Finalement vous nous avez eus.

Alors, avec le sentiment qu'il pourrait parler librement en présence d'un homme qui connaissait précisément chaque détail de sa carrière criminelle, il fit le récit suivant qui a toutes les apparences de la vérité.

« Le 1er octobre 1892, je rencontrai les gars au sud de Tulsa et ils me demandèrent combien d'argent j'avais. Je leur répondis environ vingt dollars. Je leur demandai combien ils en avaient eux, et ils me répondirent environ neuf cents dollars. Je voulus connaître leurs projets et ils me dirent qu'à Coffeyville les gens commençaient à causer et que certains s'étaient mis en tête de les capturer. Je savais que c'était faux, et leur rétorquai qu'au contraire ils avaient ici beaucoup d'amis.

Bob dit qu'ils feraient encore mieux que les James en attaquant deux banques dans une même journée, à Coffeyville. Je lui ai bien fait comprendre que je ne voulais pas y participer mais selon lui il valait mieux que j'y aille pour les aider et que je prenne un peu d'argent pour quitter le pays, car si je restais ici je pouvais être assuré d'être capturé ou tué.

Au matin du 3 octobre, nous allâmes à cheval vers le nord de Tulsa dans la nation osage, parcourûmes environ vingt miles en direction de Coffeyville et nous parlâmes de ça toute la journée. J'essayai de dissuader les gars de cette idée car les gens d'ici ne nous avaient jamais fait de mal. Ils ont dit que si je ne voulais pas y aller, il n'y avait aucun problème, qu'eux quatre s'en chargeraient. Je leur ai répondu que si de toute façon ils le faisaient, j'irais avec eux. J'y suis allé par amour pour mes frères, et je savais que je serais capturé de toute façon même si je n'y participais pas et que je n'aurais pas d'argent pour quitter le pays.

Nous avons campé sur des collines boisées au niveau de la rivière Hickory, à environ douze miles de Coffeyville, pendant la nuit du 4, et, dans la nuit, nous nous sommes rendus à la ferme de Davis en aval de la rivière Onion. Ce matin-là (le 5), nous avons donné un peu de maïs à nos chevaux.

Quand je leur ai demandé s'ils étaient toujours décidés pour l'expédition de Coffeyville, ils ont répondu par l'affirmative. Je leur ai alors dit qu'il était injuste de s'en prendre aux gens de Coffeyville, qui n'avaient rien contre nous, et qui nous avaient toujours traités cordialement.

Je leur demandai comment ils comptaient s'y prendre. Bob indiqua que nous nous mettrions en route vers neuf heures et demie du matin, car à ce moment-là la ville serait encore déserte et qu'il ne pouvait donc pas y avoir de blessés.

Il m'a dit qu'il aimerait que j'y aille avec lui parce que j'étais rapide, que lui et moi irions à la First National Bank et qu'on laisserait les autres aller à la C.M. Condon. Il ajouta qu'on rentrerait à cheval et qu'on attacherait les chevaux devant les bâtiments de la C.M. Condon. Il dit qu'on attacherait les chevaux là-bas de façon à ce que les gens ne nous voient pas jusqu'à ce que nous entrions dans la banque.

En arrivant sur la place, nous avons vu que la rue était éventrée et Bob dit :

– Allons jusqu'au fond de l'allée et attachons les chevaux là-bas.

Les cinq chevaux appartenaient à Bob. Il les avait achetés le 2 de ce mois et les autres le lendemain. Je suis le cousin de Bob et Cole Younger. Ma mère est une sœur du père de Cole Younger. »

Plus tard dans la journée, Ransom Payne eut une longue conversation avec Ben Dalton qui n'a pas hésité à s'exprimer sur ses frères. Voilà ce qu'il a dit :

« J'étais chez nous, à la ferme, qui est située à quatre miles au nord de Kingfisher. J'étais malade, alité, lorsque nous avons appris cette affreuse nouvelle, mais je me suis débrouillé pour venir avec ma mère et les autres. Nous n'avions pas vu les garçons depuis bien longtemps et je n'avais aucune idée de ce qu'ils pouvaient bien faire.

Nous n'avons jamais eu beaucoup de choses en commun ; je suis fermier et j'essaie d'être bon citoyen. Je veux que vous sachiez que ni ma mère ni moi n'avons de reproches à l'adresse des citoyens de Coffeyville : nous comprenons. Ils ont simplement fait leur devoir et même si nous sommes accablés de douleur et pleurons la perte de nos garçons, nous pleurons aussi pour les citoyens qui ont laissé leur vie dans la défense de la ville. Emmett m'a dit qu'on l'avait mieux traité que ce à quoi il s'attendait. Nous sommes profondément attristés, mais sans haine. »

Ce même après-midi, George Broadwell, de Hutchinson, un frère de Dick Broadwell, l'un des criminels tués, et E.B. Wilcox, le beau-frère du hors-la-loi, arrivèrent de Hutchinson. M. Wilcox confia :

« Nous avons été tout aussi terriblement ébranlés que vous par cet événement car nous ignorions tout à fait l'appartenance de Dick à cette bande. Je n'ai rien su de lui depuis mai dernier. Il n'a jamais été mauvais, ni buveur, ni joueur et même si c'était un cow-boy, nous avions toujours pensé qu'il était droit et qu'il vivait dans le respect de la loi. Sa mère et sa sœur Jennie, George et ma femme composent notre famille et nous vivons tous à Hutchinson. »

La tombe qui contenait le cercueil de Broadwell et de Powers fut ouverte et le cercueil de Broadwell fut retiré. On lui mit de nouveaux vêtements, son corps fut déposé dans un cercueil plus coûteux et il fut à nouveau enterré. Certains voulurent exhumer les corps des autres bandits pour examiner soigneusement leurs vêtements, car ils auraient pu contenir de l'argent ou des objets de valeur dissimulés dans les coutures, mais l'idée fut écartée.

M. Broadwell insista pour récupérer le cheval de son frère qui n'avait été ni tué ni blessé et les 92,40 dollars qui avaient été trouvés sur lui, mais ceux à qui on les avait confiés refusèrent de les rendre bien qu'une indemnité leur fût offerte. Aucun des amis de Bill Powers, *alias* Tom Evans, ne se présenta et personne n'en a entendu parler.

Le corps de Lucius M. Baldwin, un jeune homme plein d'avenir, la première victime des criminels, fut envoyé à sa mère à Burlington, au Kansas, le lendemain matin. George Cubine fut enterré ce même après-midi et tous les magasins de la ville baissèrent leur rideau et tendirent du crêpe noir sur leur devanture. Les funérailles furent touchantes dans leur simplicité. M. Cubine était un membre de l'Église méthodiste.

La Missouri Pacific Railway Company fournit gracieusement deux attelages, qu'elle mit à la disposition de la famille et des amis du défunt marshal Connelly, pour qu'ils soient conduits à Independence, où l'enterrement eut lieu le vendredi.

Charles T. Connelly, mort en héros, était né dans l'Indiana, le 25 novembre 1845, il y habita jusqu'à son départ pour le Kansas en 1885. Il s'engagea dans la 9th Indiana Infantary à l'âge de dix-sept ans et servit son pays courageusement jusqu'à la fin de la guerre. En 1867, il se maria avec Mary McCord. Deux enfants, Bert et Grace, bénirent leur union. Sa femme mourut en 1874. Deux ans après sa mort, il se remaria avec Sarah Alexander. Cette union fut aussi bénie par deux enfants, dont un seul survécut, Mlle Jessie. Comme maître d'école de la municipalité de Coffeyville, M. Connelly était toujours efficace et savait s'attirer la confiance et l'estime de ses élèves. Comme marshal de la ville, il a accompli son devoir avec un grand courage et une loyauté absolue. Il a donné sa vie librement pour défendre les vies et les biens des citoyens. Sa fidélité envers son devoir sera toujours dans la mémoire du peuple reconnaissant de Coffeyville.

La communauté entière et le peuple tout entier exprimèrent leur plus profonde compassion à l'épouse et aux enfants qui étaient en deuil pour la perte d'un mari et d'un père aimant et dévoué.

La dépouille du vieux cordonnier courageux, Charles Brown, fut transférée à Harley, dans le Dakota du Sud, où vit sa femme.

Tous les citoyens blessés, y compris le caissier Ayers, dont on avait d'abord pensé que la blessure infligée par la redoutable Winchester de Bob lui avait été fatale, s'en sortirent.

Finalement, au petit matin du mardi suivant la grande tragédie, Emmett Dalton était transféré à Independence, à la prison, par le shérif Callahan, sans aucune objection des citoyens. William partit avec eux. Aujourd'hui, alors que le gang des Dalton n'est plus, la ville a retrouvé sa quiétude. Avant que le dernier ne s'en aille, la ville attirait une multitude de visiteurs indésirables qui, régulièrement, causaient des troubles.

On avait pensé qu'Emmett se remettrait et c'est ce qui est arrivé. Avec sa capture et la certitude qu'il avait été envoyé en prison pour toute sa vie (la peine de mort n'étant pas appliquée), le gang des Dalton est pratiquement anéanti et le peu qu'il reste de lui est privé de l'intelligence et de la force de Bob comme leader, qui était soutenu fortement par la dévotion, l'intrépidité et la témérité de ses frères.

Tout le monde souhaite sincèrement qu'à partir de maintenant le Territoire et les États frontaliers soient libérés de cette terreur constante que le gang des Dalton était arrivé à semer à travers ce pays prospère. Les efforts de Ransom Payne n'auront pas été vains.

Conduits par des actes criminels extraordinairement désespérés, avides d'obtenir des ressources suffisantes pour quitter le pays, les Dalton et leurs compagnons se sont engouffrés dans la gueule béante de la Mort.

POSTFACE

par Raphaël Espiñeira

Les cauchemars les plus terrifiants sont les cauchemars sobres. Le labyrinthe le plus implacable ne s'appuie sur nulle galerie de glace, sur nulle spirale, il consiste en une ligne droite. C'est déjà sur cette ligne que marche Emmett Dalton au terme des années 1880, jeune encore, onzième enfant d'une famille qui en compta quinze et qui par le nombre du moins aspire à la dénomination de clan. Une femme, la mère, y assume le rôle du patriarche, éternellement préoccupée du sort et de la réputation des siens. Et cette figure tout le long du récit est évoquée avec un respect qui laisse même transparaître de la tendresse en même temps qu'elle est brandie comme une sorte de garante d'humanité et de respectabilité. Fort bien, mais les destins des membres de cette famille ne sont-ils par trop disparates pour un clan ? Paisibles fermiers, marshals, bandits de grand chemin ? Un des intérêts de ce livre est bien de laisser se poser pesamment le doute sur la frontière manichéenne qui séparerait la figure des marshals, prolétaires et besogneurs de la loi, censés se situer du bon côté d'une ligne idéelle à défaut d'idéale, de celle de ces autres prolétaires et besogneux, les hors-la-loi, voleurs de poules, durs à cuire et autres détrousseurs qui semblent essentiellement plus pressés de gagner de l'argent et n'estiment pas qu'un salaire soit ce qu'il convienne le mieux à l'artisanat mortel de la gâchette. En faveur du terme « clan » plaiderait également le nom même, Dalton, un vieux nom irlandais comme le dit ce vieil homme cité dans le livre et dont il ne fait nul doute que lui avait accompli la grande traversée des temps terribles de la famine verte, ainsi dénommée car les victimes mouraient en gardant sur la bouche la couleur de l'herbe qu'en désespoir de cause ils avaient essayé d'ingurgiter. Cette population d'indigents fuyant vers le Nouveau Monde n'avait guère qu'une génération de présence sur le sol d'une nation qui n'avait pas encore assouvi, loin s'en fallait, les aspirations désespérées de ces bagnards du destin. Un nom qui s'est répandu dans l'Amérique anglo-saxonne, mais aussi latino-américaine, il suffira de citer Roque Dalton, célèbre poète salvadorien dont le lecteur curieux pourra lire *Les Histoires interdites du Petit Poucet*. Toutefois, la renommée de ce patronyme au XIXe siècle n'était pas due à un Irlandais, mais à un Anglais, John Dalton, célèbre physicien à qui l'on doit une théorie atomique mise au point en 1803, mais aussi bien malgré lui, ce terme de daltonisme pour les troubles de la vision qui touchent la perception des couleurs et dont lui-même était atteint. Pour la petite histoire, on retrouve également, avec un prénom prédestiné, Alexandre, un Dalton « ou D'Alton » dans les rangs des hauts officiers de Napoléon, notamment sous les ordres de Murat, dans l'armée des grisons. Son nom peut encore être lu sur un des piliers de l'arc de triomphe.

Bref, un nom qui sonnait, avait de la surface comme on dit. Il semble qu'Emmett eût préféré que cette image de clan s'impose, plutôt que cette réduction à celles de « frères » que la renommée a retenue, à tel point qu'en commençant l'ouvrage le lecteur est presque surpris d'apprendre qu'il y avait également des sœurs Dalton.

Emmett est donc le plus jeune de la bande, celui vers lequel une prévenance générale se porte naturellement, comme il s'attache à le rendre plusieurs fois dans le livre, notamment en évoquant celui qu'il désigne comme le cerveau du gang, son frère Bob. Tacitement, Emmett n'est pas seulement celui qui doit se charger des rôles les moins dangereux, c'est comme si les personnages d'une histoire avaient eux-mêmes décidé de leur auteur, ou tout du moins de leur biographe, de leur voix pour le futur.

Jeune encore et déjà sur cette implacable ligne droite, Emmett est pour l'heure troublé par l'écho que la créature de la foule, le monstre de la mémoire collective, lui renvoie, avide de héros, de légendes. Cette image virile de champions du crime flatte évidemment sa vanité. Une image vide, car les habitants de ces récents États de l'Union ne mettent aucun visage sur la réputation galopante des Dalton. De part et d'autre de cette ligne droite, la foule scande déjà jusqu'aux prénoms des quelques membres de cette famille modeste, mais personne ou presque encore ne les remet, et cette célébrité à savourer dans la solitude ou la clandestinité est souvent frustrante, comme il n'apparaît que trop dans ses mémoires. Car les rares personnes qui connaissent leur visage constituent pour la plupart leurs pires adversaires.

Troublé surtout parce que aucun d'eux n'a jamais pu dominer, ni même expliquer la course irrésistible de cette rumeur. Dans son récit, Emmett Dalton évoque sans détour le désarroi qui les atteint lorsqu'ils réalisent que des méfaits dont ils ignoraient jusqu'à l'existence leur sont imputés. Mais à ce stade-là de la ligne droite, ils n'en marchent que plus crânement, pourtant déjà loin derrière leur propre nom qui semble presque les avoir oubliés.

Bien plus tard, lorsque Emmett entreprend la rédaction de ses mémoires, tout en lui aura décidé d'accepter que ce costume de seigneur du crime, dont l'étiquette porte pourtant bien son nom, n'était pas à sa taille. Costume dont il aura appris à connaître le prix, doublé qu'il était par un tissu de bagnard laissant deviner une facture insolvable. Il est par contre beaucoup moins renonçant pour ses frères décédés, pour lesquels la gloire du Malin est la plus immédiatement plaidable. Aussi insiste-t-il à maintes reprises sur l'intelligence de son frère Bob, notamment sur son souci de se retirer en temps et en heure de cette périlleuse carrière. Également, comme pour son frère Grat, sur cette forme de courage suprême qui va jusqu'à tutoyer la mort et l'inclure dans un code d'honneur quasi naturel.

Et pour lui-même, quelle intelligence ? En tout cas, il comprend en écrivant que cela ne saurait suffire, et ceci nous emmène à l'aspect le plus remarquable de l'ouvrage : la quête de justice. Car en bout de ligne droite, l'homme qui lance sa plume à l'assaut de sa mémoire, drapé d'un simple habit d'honnête citoyen qui suffit, lui, à le protéger des autres, aspire à cet honneur-là.

Dans la principale partie de l'ouvrage bien évidemment, à savoir ces quatre années de méfaits rendus pour le moins confusément (et il apparaît alors quasi techniquement qu'Emmett Dalton n'est pas un homme de lettres). Tout d'abord, à l'en croire, l'acharnement injuste sur son frère Grat en Californie est le facteur déclenchant pour la constitution du gang. Ensuite il suivra une triple tonalité, à savoir qu'il déclinera générosité (défendre l'honneur des autres membres de sa famille), sensibilité (appelant à témoins de vieilles personnes isolées dans des contrées inhospitalières), endurance (d'une plume qui essaie en vain de retenir les grands espaces et les marches interminables) en plus du courage déjà évoqué. Contre les voix qu'il entend réfuter en sourdine, chaque étape de la difficile narration qu'il a entreprise, il oppose sa qualité de témoin principal, et un fait, qui à ses yeux est un gage de légitimité transcendantale, sa condition d'unique survivant.

Il est à noter que, dans cette partie, trois éléments sont narrativement bien mieux rendus : à Coffeyville[1], pour l'attaque fatale des deux banques, la description physique de ses blessures et la dilatation temporelle de la poignée de minutes qui scellèrent la fin du gang.

La coutume qui voulait que l'on ne cherche pas à savoir qui était celui qui venait s'adresser à vous pour des chevaux ou un peu d'eau (pièce primordiale pour la compréhension de cette époque mouvementée). Et le dernier, le premier dans le livre, leur désarroi devant la rumeur gigantesque autour de leur nom s'enflant malgré eux.

---

1. Coffeyville dont le musée des Dalton rend de nos jours hommage à… quatre défenseurs de la ville : le marshal, et également instituteur, C.T. Connelly, ainsi que Lucius Baldwin, George Cubine et Charles Brown.

Mais la partie la plus remarquable de l'ouvrage pourrait bien être la dernière, celle où fermement campé sur sa ligne droite, au début de laquelle il a abandonné sans regret bottes, revolvers, tout ce bric-à-brac de hold-up et de locomotives fumantes, épique de pacotille, il s'adresse à visage découvert à la foule que son nom interpelle toujours. Emmett Dalton tourne, et resserre plus encore, pour finir sa plume vers ce mot qu'il serre toujours fiévreusement : la justice. Sa dénonciation rationnelle du système carcéral américain est autrement plus parlante et talentueuse que les cliquetis éperonnesques d'une prétendue grande époque. Elle n'est pas sans risques pour un homme dont la réinsertion est aussi récente. Mais lorsqu'il pointe du doigt certains dignitaires indignes, cela n'a plus cette fois l'accent de ragots rancuniers. Il expose des faits vérifiables, impose sans faiblir le bon sens de l'intérêt général contre la rapacité légale de quelques-uns. Sans illusions. Bien engagé sur l'inéluctable (c'est par ce mot que se termine son livre) ligne droite, l'homme connaît la vie.

Raphaël ESPIÑEIRA

TABLE

Composition et mise en pages : Facompo, Lisieux

Imprimé par CPI (Barcelona)
en août 2016
Dépôt légal : septembre 2016

Imprimé en Espagne